O adolescente e o Outro

PSICANÁLISE PASSO-A-PASSO
Direção: Marco Antonio Coutinho Jorge

Ver lista de títulos no final do volume

Sonia Alberti

O adolescente e o Outro

4ª reimpressão

ZAHAR

Jorge Zahar Editor Ltda.
rua Marquês de S. Vicente 99 – 1º | 22451-041 Rio de Janeiro, RJ
tel (21) 2529-4750 | fax (21) 2529-4787
editora@zahar.com.br | www.zahar.com.br

4ª reimpressão: 2016

Composição: TopTextos Edições Gráficas Ltda.
Impressão: Meta Solutions
Capa: Sérgio Campante

CIP-Brasil. Catalogação-na-fonte
Sindicato Nacional dos Editores de Livros, RJ

Alberti, Sonia
A289a O adolescente e o Outro / Sonia Alberti. – Rio de Janeiro: Zahar, 2004.
(Psicanálise passo-a-passo; 37)

Inclui bibliografia
ISBN 978-85-7110-776-2

1. Psicanálise do adolescente. 2. Pais e filhos. I. Título. II. Série.

10-5265 CDD: 616.8917
CDU: 159.964.2-053.6

Sumário

Introdução 7

O que são os pais para os filhos? 10

A função paterna 17

Da criança ao despertar da primavera 20

A partilha dos sexos e a feminilidade 28

Vicissitudes do saber
para a escolha profissional e a inibição 36

Neurose e psicose na adolescência 44

Assistência 54

O caso Sérgio, para concluir 60

Referências e fontes 71

Leituras recomendadas 74

Sobre a autora 76

Introdução

> "Hoje não tem mulher da vida que não seja eterômana, usam morfina... E os moços imitam! Depois as doenças!...
> ... Em pouco tempo Carlos estava sifilítico e outras coisas horríveis, um perdido! ... Você compreende... *meu dever é salvar o nosso filho*... Por isso! Fräulein prepara o rapaz. E evitamos quem sabe? Até um desastre!... UM DESASTRE!"
>
> (Mário de Andrade,
> *Amar, verbo intransitivo*. 1927 — grifo meu).

Para quem já leu *Amar, verbo intransitivo*, de Mário de Andrade, talvez não tenha passado despercebida a amplitude da preocupação do pai de Carlos com relação à sua formação, a ponto de ter contratado a Fräulein Elza para iniciá-lo no amor. Naquele tempo, que não está tão longe assim, não só a vontade do pai em casa era lei (inicialmente a mãe de Carlos nem sabia para quê Elza fora contratada), como ele assumia dirigir a iniciação sexual do filho pois seu dever era salvá-lo para que não se tornasse um perdido, como dizia. Por mais "paternalista" que essa posição possa nos parecer agora, havia aí um desejo claro de sustentar a vida de seu filho. Nem sempre é assim... muitas vezes constatamos, em relação a nossos adolescentes, muito mais um desejo de morte do que de vida. Penso, por exemplo, nos menores da chacina da Candelária, em 1993, no Rio de Janeiro, em relação aos quais só um desejo se mostrou eficiente: o de que eles não existissem mais.

Ponto de vista bem diferente daquele que se constrói a partir da personagem do pai de Karl, um general do Exército que fazia de sua casa uma extensão do quartel, na obra *O culpado não é o assassino mas o assassinado*, de Fritz Werfel, publicada sete anos antes de Mário de Andrade ter editado seu já citado livro. A personagem do general no livro de Werfel ainda se associa à do pai de Ricky Fitts, no bem mais recente *Beleza americana*, filme de Alan Ball dirigido por Sam Mendes (1999). O coronel da Marinha Fitts, recém-aposentado, monitora de forma tenaz e cruel cada movimento de seu filho adolescente, supondo-lhe no final das contas uma homossexualidade que, aliás, é dele próprio. Como sabemos, em psicanálise, o pai cruel não é o pai do desejo e certamente isso teve algum papel nas internações de Ricky mencionadas nesse filme.

As vicissitudes sofridas pelo século XX deslocaram o pai e sua função na família, tornando o trabalho da adolescência ainda mais difícil do que já é. Originalmente, exige de antemão um enorme esforço do sujeito pelo simples fato de que a adolescência implica um encontro com o sexo — o qual não se reduz à relação sexual propriamente dita, mas, muito antes disso, é o encontro do adolescente com as questões sobre a assunção de um posicionamento na partilha dos sexos. Esse encontro, que não pode ser evitado e do qual nem mesmo o pai pode salvar seu filho, será mais ou menos angustiante de acordo com o sujeito. Dois posicionamentos diferentes conforme o sujeito se situe do lado do homem ou do lado da mulher. Privilegiarei as determinações inconscientes, ou seja, as relações do sujeito adolescente com sua própria alteridade, o Outro do inconsciente que o sujeito não reconhece como eu e que não deixa de ter sido constituído a partir da incorporação dos pais da infância.

O texto que segue é necessariamente um recorte a partir de muitos anos de trabalho na clínica com adolescentes, de leituras de textos literários que demonstram que o artista sabe o que o psicanalista descortina, e das vicissitudes da articulação entre teoria e prática que o exercício da psicanálise reatualiza no cotidiano. A adolescência não é originalmente um conceito estudado pela psicanálise, mas nem Freud nem Lacan deixaram de se referir a ela. Não só o psicanalista não sabe o que é melhor para o adolescente, como também não pretende explicá-lo. No entanto, isso não o impede de pesquisar na história, na mitologia, na literatura e sobretudo na clínica qual o destino do sujeito no momento, às vezes aniquilador, do encontro necessariamente faltoso com o real do sexo.

Assim, caro leitor, não espere nenhuma explicação sobre o que "desfunciona" na adolescência, muito menos receitas para resolver os seus problemas. Convido-o, simplesmente, a se perguntar comigo: "Mas, afinal, o que é a adolescência?" Juntos veremos o quanto o papel da elaboração de perdas é fundamental e, por isso, começaremos falando dos pais.

O que são os pais para os filhos?

Ao contrário do que alguns imaginam, o sujeito adolescente precisa muito de seus pais. De uma forma um pouco paradoxal à primeira vista, a presença dos pais junto ao adolescente é fundamental, antes de mais nada, para que ele possa desempenhar sua função de separação. Assim, é porque os pais estão lá que o adolescente pode *escolher* lançar mão deles ou não; quer dizer, se os pais não estão presentes ele não poderá sequer fazer essa escolha. E a adolescência é, antes de mais nada: 1) um longo trabalho de elaboração de escolhas e 2) um longo trabalho de elaboração da falta no Outro, como veremos nas páginas que seguem.

Não há escolha que prescinda de indicativos, direções, determinantes que lhe são anteriores. O sujeito os recebe ao longo de sua infância, dos pais, educadores, colegas, meios de comunicação, enfim, do mundo a sua volta, através do que lhe é transmitido pela linguagem falada, escrita, visual, comunicativa ou ainda pelo silêncio. E pode continuar recebendo esses mesmos indicativos, direções e determinantes, ao longo de todo processo adolescente, desde que não falte quem lhe possa transmiti-los. Há vezes em que, diante de tantas reações adversas por parte do(a) filho(a), os pais desistem de desempenhar sua função de pais, entendem que não são mais ouvidos, levados a sério, respeitados, e então, dando de ombros, desistem. Aí, são os pais que se separam dos filhos antes destes poderem se separar deles, invertendo os papéis, de forma que a única solução encontrada pelo adolescente nesse momento em que se vê abandonado, é a de lutar desesperadamente pela atenção daqueles. Começa então a série infinita de dificuldades e problemas da adolescência que será tanto maior quanto menor tiverem sido justamente as referências primárias imprescindíveis para o exercício das escolhas.

Para os pais, por sua vez, é difícil, e às vezes *muito* difícil, sustentar a adolescência de seus filhos. Por terem vivido direcionados pelos pais durante a maior parte de toda sua existência até aqui, os adolescentes conhecem não somente os pontos fortes, mas também os pontos fracos do pai e da mãe... e é no momento em que começam a desempenhar a via da separação que justamente se armam desse conhecimento para afastarem os pais, criticá-los e atingi-los no âmago, com o único fim de enfraquecê-los. É preciso mais uma vez uma boa dose de investimento, de dom de amor, de aposta da parte dos pais, para suportarem seu próprio aniquilamento através dos filhos, única maneira de não se identificarem completamente com a conseqüente perda narcísica. Isso não só não é fácil como às vezes impossível, razão de não haver pais ideais do adolescente mas, simplesmente *seus* pais, que o ajudarão, na medida do possível, a atravessar o processo descrito por Freud como o da construção de um túnel, cavando pelos dois lados, nem sempre em linha reta mas suficientemente estruturado para permitir a travessia. Às vezes uma ajuda externa pode ser de grande valia.

Pode ser de grande ajuda para os filhos a percepção de que não se deve abrir mão de seus próprios parâmetros, mesmo se considerados antiquados, desconjuntados, claudicantes, pois apesar de tais qualificativos, não deixam de ser referências e, como dito, *a priori* necessárias para qualquer tipo de escolha. Se forem consideradas apenas como parâmetros, poderão não só permitir mas até mesmo engendrar a capacidade de escolha dos filhos, que escolherão segui-los ou não, ou segui-los não todos ou até mesmo assumir como próprias as escolhas dos pais. E não há nada mais próprio da adolescência do que poder triar: isso sim, aquilo não. Se os pais podem demonstrar saber triar, por que o filho não herdaria essa capacidade? Para poder transmitir a própria capacidade de triagem, é novamente fundamental saber que ela se exerce a partir de referências anteriores, que determinam as escolhas de cada um e que nem sempre os parâmetros de um serão os do outro, que nem todas as referências dos pais servirão para os filhos. Finalmente é preciso saber que pai e mãe não são sinônimo de referência, mas conceitos que comportam tal importância para os filhos que estes, mesmo não assumindo parte dos parâmetros daqueles, de forma alguma deixam de ser seus filhos por isso! O que pais comportam para os filhos jamais poderá ser totalmente dito, independente do desenvolvimento da ciência e das artes. É verdade também a recíproca: jamais se saberá dizer completamente o que é um filho para cada um de seus pais.

Desde suas primeiras hipóteses, Sigmund Freud observava: a primeira, e por isso mais intensa relação de um bebê com o mundo em que nasce, se dá através de um Outro que o preexiste, faz dele um objeto privilegiado de seus interesses e influencia o bebê de tal forma que ele será necessariamente produto da relação de ambos — o Outro e ele mesmo. Se o Outro preexiste ao sujeito é também por engendrá-lo. O primeiro Outro, para o bebê, implica necessariamente os pais, ou seus substitutos, o que vem a dar no mesmo. O conceito de Outro, na realidade estabelecido por Jacques Lacan, consiste, antes de mais nada, na referência a uma alteridade: afirmar a presença de um Outro engendra uma noção de eu diferenciado.

Escreve-se o Outro com maiúscula inicialmente por uma razão muito simples: não se trata de um outro qualquer, ele tem uma especificidade em relação aos tantos outros com os quais o sujeito terá relação, qual seja, para além da preexistência, a de ser a única instância à qual o bebê pode tentar apelar no seu desamparo fundamental, como dizia Freud.

À medida que o bebê cresce e faz suas próprias experiências de vida, incorpora a alteridade aos poucos, de forma que ela determine sua própria constituição. O sujeito adolescente já fez uma quantidade suficiente de experiências para que esse Outro faça parte dele, o que não impede que busque reconhecê-lo em substitutos ao longo de toda sua existência. Na realidade, podemos dizer que o próprio inconsciente do adolescente é esse Outro agora, alteridade que o eu do sujeito não reconhece como sendo ele. Eu diria mesmo que esse é um parâmetro determinante para estabelecermos o final da infância: a definitiva incorporação do Outro da infância de maneira que o sujeito não seja mais tão dependente da idealização dos pais da sua infância. Toda criança idealiza de alguma forma seus pais, mas à medida que ela cresce, percebe aos poucos as suas falhas, de forma que o terreno vai se preparando para o *processo de separação* da adolescência.

A separação em questão não é do Outro agora incorporado, mas dos pais imaginarizados e idealizados, e só poderá acontecer se a incorporação dos pais — como diria Freud a propósito do período que chamou de latência — tiver obtido êxito. Quanto mais sólida tal incorporação, maior terá sido a herança dos pais que servirá como recurso para o sujeito adolescente agir conforme suas próprias decisões. Pois, malgrado não reconhecer o Outro como eu, o sujeito é sempre efeito do inconsciente.

Para Freud, há uma grande diferença entre *eu* e *sujeito*, apesar de encontrarmos em alguns pontos de sua obra a mesma referência do termo alemão *Ich* para designar a ambos. O eu, na realidade, é uma *gestalt* imaginária que utilizo para me identificar e diferenciar dos outros; o sujeito, por sua vez, é sempre efeito da fala, e não poucas vezes surpreende justamente por não ser previamente *gestaltisado*, por não estar referido a uma imagem. Daí também a clínica psicanalítica só poder existir onde há fala; em psicanálise o sujeito é aquele que fala, a clínica sendo o exercício de advento do sujeito através de sua fala. Muitas vezes o eu pode resistir ao advento do sujeito, impedindo que fale, por inibição, por covardia, por repetição de um modo de ser que impede o surgimento do desejo. Pois se há realmente algo que caracteriza o sujeito é o fato de ele necessariamente exercer-se nos diferentes discursos como sujeito do desejo — o sujeito *é* o desejo, no sentido amplo do termo.

Freud dizia que o desejo é inconsciente, ou seja, todo desejo é desejo do Outro, o que podemos constatar de saída na relação do bebê com o Outro primordial: se o bebê tem uma mãe suficientemente boa, como diria D.W. Winnicott, é porque está motivada a humanizar seu filho a partir de um desejo que ela não sabe nem ao certo expressar, mas que está lá, definitivamente. O conceito winnicottiano vem bem a calhar aqui porque quando se trata de desejo não há modelo, prescrição e nem mesmo um padrão a ser seguido. Só depois, como tudo em psicanálise, se dá a verificação do que foi uma mãe para o seu filho. É do desejo dela que nascem as demandas do bebê, ou seja, que ele pode começar a expressar o que quer do Outro. Por sua vez, se é uma mãe suficientemente boa a humanizar seu filho, também ela terá demandas que dirigirá a ele, e que ele pode não querer satisfazer para deixar aberto o espaço do desejo — desejo aquém da demanda, que não pode ser exatamente expresso, mas que é toda uma razão de viver.

É por ter herdado a posição desejante de seus pais que o adolescente também já não satisfaz as demandas deles. Diz-se, comumente, que agora ele "pensa com sua própria cabeça". É verdade, mas, sobretudo porque ele suporta não mais satisfazer as demandas dos pais, não mais teme a perda do amor deles, em parte por já ter tido provas suficientes de que não o perde facilmente, em parte porque já não é mais tanto isso que o interessa. O adolescente se experimenta como autor de um desejo que não está lá onde localizava antes o maior peso de suas relações: na demanda de amor para garantir uma proteção contra o desamparo fundamental.

Para poder se desempenhar como sujeito do desejo é preciso que o adolescente não se engane com as demandas de amor que não deixam de ser uma tentativa de velar o fato das impossibilidades. O adolescente deve saber que não há como escapar do desamparo fundamental intrínseco ao ser humano, por mais dolorosa que seja essa constatação ele já sabe que o Outro não pode protegê-lo, apenas enriquecê-lo com algum recurso para encarar o desamparo sozinho. Há vários nomes para isso em psicanálise, o mais divulgado é o conceito de castração. Inspirado em mitos e rituais de uma série infinita de culturas, Freud pode constatar nelas que as práticas de castração são inscrições, no corpo, dos limites que cada sujeito deve observar frente às leis que humanizam. Hoje, na cultura ocidental, a castração pretende ser puramente simbólica e as impossibilidades são transmitidas simbolicamente, pelo menos em princípio. Para aceder ao desejo é necessário o reconhecimento da castração da qual, aliás, o desejo se alimenta! Os pais também são castrados e é por isso que o filho pode deixá-los, levando consigo a melhor bagagem que puder recolher! Poder encarar o desamparo, as impossibilidades, submeter-se à castração simbólica é o longo trabalho de elaboração da falta no Outro que diz respeito à adolescência.

Durante todo o processo da adolescência haverá momentos em que o sujeito precisará retornar rapidamente à agora já ilusória relação que mantinha com os pais: um porto seguro em suas tentativas exaustivas de suportar a separação. Mas à medida que o processo se conclui, e se o sujeito não resiste tanto ao inconsciente que o determina — a Outra Cena onde está o *seu* desejo —, já não é nos braços da mãe ou no colo do pai que o sujeito encontra recurso, e sim no Outro do inconsciente — com todas as suas heranças — que lhe serve de bastião.

A função paterna

O Édipo dá o enquadramento do parceiro à criança. Ainda em 1975 Lacan escreve: é "diferente ter essa mamãe e não a mamãe do vizinho, da mesma forma que para o papai", pois é a relação com o Outro que singulariza. Se hoje o Édipo já não causa escândalo no seio da cultura, isso certamente se deve aos cem anos de psicanálise. No entanto, o mesmo não aconteceu quando Freud se deparou com o fato. Se é verdade, como propõe Freud, que a sexualidade é universal para o ser humano, e que, portanto, até a criança é um ser sexuado, e se a criança tem na mãe a sua maior e primeira referência, a mãe será também seu primeiro objeto de investimento sexual. Na realidade, não há nada de muito estranho nisso, o mais estranho é a criança *não permanecer* nessa ligação sexualizada com a mãe.

Desde os primórdios da humanidade — com o Totem, representação simbólica da divindade de uma tribo — a função paterna se sustenta na referência a uma metáfora (o Nome-do-Pai) que a diferencia basicamente do que se qualifica por ser materno. Aliás, a metáfora paterna redimensiona a própria mãe e se associa aos tabus que introduzem a Lei do desejo para cada sujeito. É um terceiro, um alguém que "Não é a mamãe" (cf. "Família Dinossauro", na série de televisão). Por isso o pai barra a mãe, assumindo o filho como seu também. Como nos confirmou certa feita o jurista mineiro Rodrigo da Cunha Pereira, todo pai o é por *adoção*: todo pai verdadeiro é um pai que assume adotar seu filho, *independente de ser ou não o pai biológico*. Assim, não se pode nunca atribuir a função paterna à mera paternidade genética, nem mesmo quando esta é atestada pelos mais sofisticados exames de laboratório.

Se na relação com a mãe a criança é também sempre *objeto* de seu zelo e de seus caprichos, de seus desejos e de sua satisfação, é na relação com esse pai *adotivo* que é franqueada a via para uma identificação como *sujeito*, sempre do desejo. Isso não quer dizer que a mãe não deseje que seu filho cresça e apareça, e que não procure causar o desejo dele, mas significa que, para que o desejo da mãe possa alcançar algo do que almeja é preciso que o sujeito tenha uma referência a um pai que pode relativizar, mediatizar e barrar o próprio desejo da mãe. Diz-se então que para esse sujeito o Nome-do-Pai se inscreveu e barrou o Outro que é primordialmente materno. É porque o Nome-do-Pai barra o desejo da mãe, relativizando-o, que o sujeito pode buscar investimentos alhures, fora do seio da família. Eis a elaboração do Édipo em Freud.

Vivenciamos hoje os efeitos das modificações ocorridas nos dois últimos séculos quanto ao lugar da autoridade paterna. Ainda no século XIX, no Brasil, a estrutura social era bastante patriarcal. Com a industrialização, o capitalismo e mesmo a revolução burguesa herdada da Revolução Francesa, o modelo anterior da autoridade do pai foi bastante abalado. No século XX, se acrescentaram ainda outras influências: 1) os movimentos feministas que visavam uma equiparação dos sexos, muitas vezes sem considerar diferenças fundamentais e necessárias para sustentar a posição subjetiva na sexuação, ou seja, a castração; 2) a criação das ciências humanas, mudando toda uma *Weltanschauung* (visão de mundo), pois já não se tinha confiança de que os pais pudessem ditar aos filhos os modelos do que seria certo ou errado. Com as ciências humanas, começaram a surgir modelos "científicos" do que seria correto e incorreto, bom e ruim, pois se atribuía aos "cientistas" uma melhor capacidade de discernimento sobre esses assuntos. A psicologia, saber que nasce no século XIX e começa a ter uma prática no século XX, é fruto da cientifização do que até então fora considerado valor moral. A original capacidade educativa dos pais deu lugar a um discurso em que os próprios pais eram passíveis de exame e disciplina por parte de médicos, pedagogos, legisladores e, mais tarde, psicólogos; 3) e por fim, as terríveis guerras nas quais os valores, o heroísmo e a luta por ideais foram sucessivamente aniquilados em prol da massificação, da segregação das diferenças e do despedaçamento do corpo e do psiquismo que chegou às raias de uma militância pela produtividade da carne dissecada, como se viu nos campos de concentração nazistas.

Tudo isso levou à aniquilação dos ideais, à humilhação do pai, como dizia Paul Claudel, e parece que já estamos longe do pai do adolescente Carlos, de Mário de Andrade, que acreditava ainda na possibilidade de salvar seu filho. Ele acreditava mesmo que isso fosse dever seu! Com a cada vez maior humilhação do pai, quem assumiria tal dever?

Na realidade, a função paterna, muito antes de autoritária, sustenta a lei do desejo para o filho. Nessa medida, sua maior potência reside na capacidade de barrar as tentativas de se subjugarem os sujeitos, identificando-os com meros objetos a serem manipulados conforme o bel-prazer de um Outro cuja ferocidade pode ser da ordem do horror. A forma de barrar essas tentativas tem que se adaptar às novas formas de submissão, razão pela qual a função paterna se exerce de maneira diferente conforme o momento histórico e a determinação cultural. Se o pai pode fazer frente às inúmeras tentativas de transformar seu filho em objeto, auxiliando-o a contrapor-se a isso pela via identificatória, ele sabe fazê-lo adaptado a cada contexto particular. Penso que o pai é uma instituição tão vigorosa que, tal como Fênix, pode perfeitamente renascer das cinzas e aí mostrar a sua verdadeira potência.

Da criança ao despertar da primavera

O problema é que hoje o efeito de todas as transformações dos últimos duzentos anos leva muitos pais a duvidarem de sua própria capacidade de barrar as inúmeras tentativas de submissão e assujeitamento, e se eles duvidam, têm muito mais dificuldade em transmitir a seus filhos uma forma de barrá-las. A clínica com adolescentes é um excelente campo para a verificação desse fenômeno e muitas vezes exige a intervenção do analista junto à família no sentido de fazer valer o pai que já não se crê capaz de ser ouvido, valorizado ou levado em conta.

Lembro-me do caso de uma adolescente cujo pai estava prestes a ser demitido de um emprego que tivera por mais de 30 anos e que, por isso, se sentia muito fragilizado. A jovem — em pé de guerra com o pai em função do conflito de gerações em sua casa — estava, por outro lado, totalmente identificada ao pai sem ter consciência disso. Desesperou-se no lugar dele, já não acreditava que servia para coisa alguma, que era amada e que tinha possibilidade de construir um lugar no mundo, diante do que fez uma tentativa de suicídio. Nas entrevistas que se seguiram foi possível que tomasse consciência da importância do seu pai para ela, e isso permitiu que voltasse a falar com ele. Finalmente o pai pôde se abrir com ela e mostrar que a vida dela estava apenas começando enquanto ele agora se dirigia para a aposentadoria. Assim, pôde funcionar como pai para essa filha, sustentá-la enquanto desejante, o que permitiu à jovem fazer o vestibular naquele mesmo ano e entrar para a faculdade.

Se Freud pôde observar que a separação da autoridade dos pais é o maior trabalho da adolescência, ele jamais negou que isso fosse um processo que se desenvolve paulatinamente, com altos e baixos, idas e vindas. O importante é os pais perceberem que apesar das constantes negativas que os adolescentes lhes dirigem, é fundamental que não só as suportem como possam mostrar que suas opiniões, diretivas e observações têm bastante solidez — forma também de ensinar aos filhos a manterem seu modo de pensar malgrado insistentes contrariedades que possam vir a sofrer no exercício de sua sustentação. Isso não quer dizer que sejam opiniões, diretivas e observações inabaláveis, mas que advêm de elaborações que não foram feitas às pressas, de maneira oportunista e que sua modificação também exige uma mesma elaboração prévia, pensada e aprofundada.

Assim como os filhos podem aprender muito com seus pais, os pais também podem aprender com seus filhos! Mas para que tal aconteça é necessário que: a) tanto uns quanto outros possam expor suas opiniões, b) que não se desista de fazê-lo e c) sobretudo, que não se abra mão da responsabilidade de acompanhar os filhos em suas trajetórias só porque se pensa que já não se é ouvido, levado em conta etc. O efeito da desistência é normalmente assustador: o adolescente se vê deixado cair. Desesperado e perdido, o adolescente então inicia uma busca que pode ser uma completa catástrofe na tentativa de alcançar novamente a mão dos pais o que, como numa bola de neve, tem cada vez mais dificuldade de conseguir.

Há certamente algo a fazer para os pais se darem conta de sua importância! E notarem, sobretudo, o fato de que a capacidade de desejar, de construir, de fazer acontecer é passível de transmissão, por excelência, na medida em que se baseia na supremacia do desejo. Isso de forma alguma anula ou desmerece a capacidade de desejar de cada um —

ao contrário, confere-lhe um lugar na cultura, no que se transmite na comunidade dos homens.

Os *rituais iniciáticos* da puberdade, tantas vezes mapeados pelos antropólogos, apontam a necessidade percebida por diversas culturas de uma inscrição simbólica para a adolescência e têm por objetivo principal ratificar o Nome-do-Pai e o vínculo simbólico de cada adolescente com sua cultura. Pois se o sujeito estava bem ancorado na referência familiar durante a infância — independente do conceito de família nas diferentes culturas — e se o adulto passa a ser essa mesma referência no momento em que ele próprio constitui sua família repetindo o modelo que viveu, a adolescência questiona.

O adolescente questiona, antes de mais nada, porque os modelos identificatórios se afrouxam, o que trará inúmeros efeitos, até mesmo na esfera da identificação sexual. Se a criança faz de tudo para poder atribuir uma posição idealizada aos pais dos quais depende para sobreviver, preferindo às vezes até mesmo se recriminar para não recriminá-los, há um momento na vida dessa criança que cresce em que não é mais possível fechar os olhos à insuficiência deles. E os pais são sempre mais ou menos insuficientes, jamais perfeitos. Felizmente! Pois será por isso que as referências identificatórias poderão começar a vacilar, dando ao adolescente a possibilidade para encontrar seu próprio jeito.

O Outro barrado, castrado, permite perceber que nem papai, nem mamãe podem tudo, ao contrário do que a criança precisava ainda acreditar. Após a primeira infância, é chegado o período de latência e o adolescente começa a se dar conta de que seu pai talvez não tenha um carro tão grande como o pai do vizinho, ou talvez não seja tão simpático ou inteligente quanto o pai do amigo. Em resumo, há uma falha do pai. Ao chegar à puberdade, o adolescente já não crê mais no pai como quando era pequeno. Durante toda a sua infância, a criança tentou salvar o pai pois, como dito, a criança tem horror da castração do Outro sobretudo por esta remetê-la ao desamparo fundamental. Conseguir suportá-la é o segundo longo trabalho de elaboração do adolescente. Ele implica verificar que por mais que haja o desamparo fundamental, ou seja, por mais que o sujeito não tenha outra garantia para sua existência além da garantia simbólica, é possível vir a fazer alguma coisa, *fazer acontecer*, como se diz. Só é possível fazer alguma coisa efetivamente quando já não se espera que o Outro o faça, esperança que persiste em tantos casos que atendemos, mesmo para além da idade da adolescência, quando o sujeito ainda busca, demanda, exige um reconhecimento do Outro no lugar de assumir seu próprio desejo de modificar alguma coisa na realidade para moldá-la de acordo com seus próprios fins. *É sempre possível* modificar alguma coisa na realidade para seus próprios fins levando em conta os limites, o que também implica uma postura ética: não é possível fazê-lo de qualquer jeito, independente dos outros e dos preceitos morais, mas justamente os considerando, pois darão os limites para o próprio ato que, paradoxalmente, é sempre uma transgressão. Todo adolescente é um transgressor, e aí se experimenta. Além da alienação ao Outro, ou seja, além do fato de que todo desejo é sempre desejo do Outro, para se exercer como desejante é preciso poder se separar. À medida que aí se exercita, o adolescente se torna cada vez mais ágil no trânsito entre alienação e separação.

Eis também o que soçobra de todo o trabalho da adolescência: se os pais da realidade vão perdendo a sua função junto ao adolescente, isto só pode acontecer no caso de o Nome-do-Pai barrar a submissão ao Outro que impediria qualquer separação. Ou seja, para haver uma separação é preciso que efetivamente o Outro possa ser dialetizado, relativizado, no sentido de lhe ser impossível uma onipotência que impediria ao sujeito fazer o que quer que fosse escapando à sua presença. Como o mostra tão bem o diálogo da peça *O despertar da primavera* de Frank Wedekind, quando o jovem Melchior, no terceiro ato, no cemitério, se depara com a personagem do Homem Mascarado, que não é seu pai (não é o pai da realidade), mas não deixa de ser justamente alguém que vem ajudá-lo a enfrentar a morte e a desilusão. O Homem Mascarado convida Melchior a tomar uma sopa quente e passar uma boa noite de sono, barrando-lhe a via à submissão do chamado de além-túmulo e dando-lhe a mão para, lembrando o samba de Paulo Vanzolini, "levantar, sacudir a poeira e dar a volta por cima". Na literatura sobre adolescentes, o Homem Mascarado de Wedekind é talvez a personagem que melhor encarna o que resta da função paterna após o trabalho entre alienação e separação.

Além disso, é na interseção entre alienação e separação que o adolescente também precisa situar-se quanto a sua sexualidade. Nos *Três ensaios sobre a teoria da sexualidade* Freud teoriza que a puberdade implica o encontro com o sexo, momento que será sempre da ordem da *tykhe* (uma causa acidental, no dizer de Aristóteles), ou seja, algo inesperado, que pode ser bom e/ou ruim, mas que necessariamente provoca angústia porque sempre traz a marca do encontro com o real — conceituado por Lacan como o que não é simbolizável, o que não pode ser dito, para o que não se tem palavras, como diz o dito popular.

O adolescente é convidado, tanto pelo meio que o cerca quanto pelas suas próprias determinações inconscientes, pulsionais e identificatórias, a tomar uma posição na partilha dos sexos. Este convite é mesmo mais que um convite, é uma exigência. Não vai aqui nenhuma crítica, simplesmente é assim. Pois se na infância ele acreditava — porque tinha de acreditar, da mesma forma como tinha de idealizar os pais por deles depender para sobreviver — que o encontro com o outro sexo tinha a possibilidade de ser harmônico, ele agora se depara com o fato de que há mais desencontros com o outro sexo do que encontros, e que mesmo estes são sempre faltosos, marcados pela incompletude. Por exemplo, na própria relação sexual, jamais o parceiro é idêntico ao sujeito ali presente, pois ela também encena a relação que cada um dos parceiros tem com o objeto de sua própria fantasia e que ele projeta no outro.

Como dito, a sexualidade do sujeito se inscreve, desde sempre, no Édipo, que funda sua relação com o desejo. Este se sustenta, por falta de uma definição significante, na fantasia inconsciente. "A fantasia inconsciente é edípica", dizia

Freud. Razão pela qual o desejo nos reenvia, de novo, à história, à linguagem, à cultura, aos pais.

Em resumo: o que se desvela na adolescência é sobretudo a falha do ideal do pai, a imagem ideal que o sujeito tinha de seus pais, na qual fora preciso crer por causa das necessidades da vida — como diz Freud, "*Not des Lebens*". É esse pai que passa a faltar que a tradição religiosa ocidental procura sustentar, produzindo o que Freud chama de neurose obsessiva da humanidade. A igreja sabe que é necessária uma referência para além do pai da realidade. Se o sujeito, com igreja ou sem ela, tem a necessidade de um pai, esse é de uma outra ordem que o da realidade — a quem também chamamos de pai imaginário. A personagem modelo que o justifica é, novamente, o Homem Mascarado da peça de Wedekind: ele não é o pai (imaginário), e no entanto... Por que ele é mascarado? Inicialmente, diria, para indicar a Melchior que o pai não mais se personifica e, também, que é só um sintoma que se constituiu de um desejo recalcado, o de fazer Um com mamãe.

O pai então não é somente aquele que gerou, que tem ou não um carro, quer dizer, um falo, mas sobretudo aquele que garante uma relação com o desejo pelo fato de garantir o sujeito simbolicamente. Então, o pai que sustenta o adolescente na cultura lhe atribui um lugar na comunidade dos homens. Há mesmo culturas humanas em que o pai simbólico justamente não é o biológico! Poder se servir do pai permitirá ao adolescente lidar com o encontro com o real do sexo, e certamente esse pai do qual o sujeito aí se serve transcende em muito seu esperma. Isso não deixa de representar um duro golpe para os resultados dos exames de DNA que hoje em dia são demandados na ilusão de se encontrar um pai através deles.

A partilha dos sexos e a feminilidade

A sexualidade, no ser humano, é integralmente permeada e determinada pelo fato dele sempre se constituir a partir de sua relação com o Outro, ou seja, a cultura, a linguagem, o desejo do Outro. Isso é bastante escandaloso em tempos em que o discurso da ciência tanto busca determinar cada comportamento... Antes de prosseguirmos, esclareçamos: é evidente que a biologia determina muita coisa no homem, mas a sexualidade é por si só um campo que a psicanálise define como determinado pela relação com o Outro, a ponto de um sujeito poder nascer biologicamente com as características específicas de um sexo, mas se identificar de outra forma. É em função disso também que o fato de o sujeito se identificar com outro sexo que não o biológico nada tem de aberrante ou desviante, ao contrário, só comprova a disjunção entre a identificação sexual — que implica a constituição psíquica — e as características biológicas. Em psicanálise até mesmo a identificação sexual é de responsabilidade do sujeito e sabemos o quanto o neurótico tem dificuldade de assumir a sua responsabilidade nas escolhas que faz, ficando tantas vezes em cima do muro... talvez, em algumas ocasiões, até com medo de ferir os pais...

Na natureza, a vida sexual assume as mais diferentes modalidades. Um exemplo, bastante aberrante se aparecesse num contexto humanizado, é o do louva-deus, cuja fêmea devora o macho no momento da cópula. Isso se explica perfeitamente na ciência: para garantir os nutrientes necessários para a procriação de seu bebê, a mãe devora o macho. Mas isso seria absolutamente inadmissível no ser humano! Ao contrário da lei que regula a vida sexual do louva-deus, no contexto da cultura busca-se sempre salvar antes os pais do que o feto, a cultura procura antes valorizar um sujeito já humanizado quando é preciso, por exemplo, escolher entre salvar a mãe ou a criança na hora do parto. No homem, qualquer referência é mediatizada pela cultura.

Freud já observara, muito cedo, que é por atribuir ao falo uma significação muito particular que o ser humano regula toda a sua sexualidade de uma forma muito especial. Na realidade, o ser humano se vê categoricamente desprovido de falo, independente de ser homem ou mulher. Somos todos castrados e sempre atribuímos a um outro atributos fálicos que não identificamos em nós mesmos. Teoricamente falando, o único que verdadeiramente tem o falo é o pai — isso não quer dizer que o sujeito que é pai tem o falo, mas que todo(a) filho(a) atribui ao pai um falo — e, só por isso, o pai faz toda diferença para a criança. O falo é o objeto do desejo por excelência, o que todo sujeito quer ter para ser como papai e, desta forma, reconquistar a posição original com a mãe.

Como já dito, chegada a latência, a criança começará a se dar conta de que até mesmo seu pai claudica. Apesar dessa descoberta não impedir que o sujeito continue desejando ter um falo — se for desejante o sujeito sempre desejará ter um falo —, ela exigirá uma tomada de posição diante das evidências da castração. É assim que o sujeito entra na adolescência e é assim que ele irá então se deparar com a Mulher. Não há tomada de posição na partilha dos sexos — seja do lado do homem, seja do lado da mulher — que não implique o encontro com a Mulher. Normalmente, do lado do homem, esse encontro lança o sujeito no embaraço. O rapaz passará a sua adolescência tentando elaborá-lo e, na tentativa de lidar com tal encontro, muitas vezes dividirá as mulheres entre aquelas que ama e aquelas que deseja. Do lado da moça adolescente, o encontro com o sexo normalmente a lança na questão: o que é uma mulher? Como devo ser para assim me situar? E, a partir daí, a jovem se lança na tentativa de com Ela se identificar, elegendo-a como objeto o mais precioso, num movimento que Freud já reconhecia como sendo o da bissexualidade própria à histeria.

Todas as escolhas sexuais do adolescente partirão de seus encontros com o que foge à pré-concepção sexual da infância, falocêntrica por excelência e, portanto, sempre referida à primazia do falo, como veremos adiante com o caso Hans. Quando as certezas vacilam quanto à pré-concepção da infância, o adolescente se vê obrigado a lidar com o impossível a simbolizar do sexo. Então experimenta fantasias que encenam a sua relação com o real do sexo, identificado na Mulher (com M maiúsculo); independente de esse sujeito ser uma moça ou um rapaz. O impossível a simbolizar é identificado com a Mulher justamente porque o sexo da mulher é um buraco, remetendo o sujeito a seus próprios impossíveis, ao que ele não entende, ao que percebe mas não consegue significar. Tal buraco reenvia todo adolescente, independente de sua cultura, língua, ou mesmo grau de instrução, ao osso do humano: há um ponto de irrepresentável.

Deparar-se com o outro sexo contribui assim com a vacilação *gestáltica* na adolescência, ele já não reconhece mais seu próprio corpo nem o mundo a sua volta, o sujeito se vê sobrepujado por tantas questões que às vezes até pode duvidar de sua própria capacidade para dar conta de todas elas.

Razão, volto a insistir, da importância dos pais na adolescência como únicas balizas de que alguma coisa ainda consiste, mesmo se já podemos considerá-la retrógrada, incompreensível, falha, incongruente. Ao poderem sustentar sua posição, os pais permitem ao sujeito adolescente a ancoragem nos difíceis momentos de suas próprias pesquisas, mesmo as sexuais, necessárias para uma verdadeira tomada de posição na partilha dos sexos — qualquer que seja. Para exemplificar rapidamente a dificuldade de um sujeito apostar na sua escolha quando chega o momento de se exercer como sexuado, retomo aqui alguns indicativos que colhi das sessões de Alice (15 anos).

Foi a própria moça que procurou a analista e os pais imediatamente acederam, pois ela começara a não mais obedecê-los, tornando-se rebelde, conforme relatam numa primeira entrevista. O caso de Alice é mais um dos infinitos casos de adolescentes em que podemos constatar que a demanda dos pais não é idêntica à do adolescente e que, se não soubermos distingui-las de início, jamais poderemos realmente fazer alguma coisa. Em geral, aliás, são os pais que nos procuram com uma queixa, apontando um sintoma do adolescente que os incomoda — uma anorexia, uma rebeldia, notas baixas na escola e assim por diante — ou são outros técnicos que os encaminham: médicos, fonoaudiólogos, enfermeiros etc. Quando finalmente convidamos o sujeito adolescente a falar, aquilo que se tornará uma questão para ele muito dificilmente condiz com a queixa dos pais e/ou técnicos. Então muitas vezes é preciso tranqüilizar os pais com relação à angústia frente ao adolescer do filho, por um lado e, por outro lado, seguir à risca o dito freudiano segundo o qual a psicanálise não deve visar a remissão dos sintomas, mas o tratamento do sujeito, com sua história, suas questões e dificuldades, no caso, do próprio adolescente.

Alice localiza suas dificuldades no fato, também bastante comum na clínica com adolescentes, de que seus pais não mais confiam nela como antes, sobretudo sua mãe, e, segundo ela, *eles* mudaram. Quando refletimos sobre as referências à adolescência como momento de mudança, pensamos normalmente que quem muda é o adolescente e não seus pais, mas a queixa dos adolescentes de que os pais mudaram é por demais recorrente para não chamar atenção, e talvez contenha uma verdade a ser melhor explorada.

Assim, a queixa de Alice de que seus pais mudaram e não mais confiam nela aponta para sua demanda de ser sustentada por eles para ter a segurança no movimento que quer iniciar, o de uma separação. No caso dela isso é transparente: é membro de uma comunidade religiosa à qual foi introduzida pelo pai. Este tem ali uma posição de certo destaque e Alice, autorizando-se do próprio Édipo, também assumiu uma posição que, no entanto, é vedada às não-virgens, conforme as regras daquele grupo religioso.

Ao completar 14 anos atingira a idade máxima para exercer dita posição. Mas a igreja permite que, caso queira, a moça pode prorrogar o prazo por ainda dois anos, o que deve fazer mediante uma carta à Congregação, se jurar não perder a tal precondição — a virgindade — até completar 16 anos.

Aos 14 anos o juramento lhe parecera fácil e, diria mesmo, encantador, já que poderia continuar nessa união de posições com o pai que a manteve tão confiável durante tanto tempo. Mas aos 15, idade que tem agora, a certeza da virtude da virgindade vacila, suas fantasias e pensamentos minam justificativas para a total perda da confiança. Assim, Alice se trai ao supor nos pais essa perda da confiança, quando ela mesma sabe que de confiável já não tem mais nada.

Finalmente, Alice encontra um primeiro namorado firme. A mãe é contra, o pai continua levando-a à igreja mas o namorado, que é maior de idade, começa a ter sobre a jovem uma influência até então somente aceita por ela do pai. Eis onde se encaixa a transferência de que Freud fala quando diz que o Édipo na mulher se perpetua de alguma forma, na figura do namorado, do noivo, do marido.

Sua questão se modifica: levo até o fim meu juramento — só falta um ano — ou rompo com ele? É difícil mantê-lo, mas é, sobretudo, difícil escolher rompê-lo. Então não escolhe, mesmo se na relação com o namorado tudo é permitido com exceção da penetração. E, ao não escolher, falha a menstruação. Inquieta-se: será que houve, de alguma forma, fecundação? Se tivesse havido, nada mais esconderia aos pais, não mais esconderia que já não suporta seu juramento. Por um lado, não mais esconderia à mãe, pois a vontade que dá, segundo Alice, é a de conversar sobre todas as suas últimas experiências com ela, compartilhar aquilo que é ainda insuportável sustentar sozinha. Mas agora a mãe se torna muitas vezes insuportável para ela, de forma que Alice desespera-se a ponto de ter idéias suicidas frente à devastação que representa para ela sua relação com a mãe. Com o trabalho de sua análise, começa a questionar por que quer contar tudo para a mãe, se a mãe que a educou para não terem segredos uma com a outra sempre, ao ouvi-la, acaba por repreender a filha. Contar tudo para a mãe é ofertar-se como objeto para o Outro.

De família de classe média baixa, a adolescente esforça-se para acompanhar o curso técnico de informática, que lhe exige grande dedicação, mas nem sempre com boas notas por causa da falta de um computador em casa para estudar. Além disso, ainda estuda inglês à tarde, muitas vezes sem tempo para passar em casa e almoçar e nunca com dinheiro suficiente para comer na rua.

Só que a mãe inferniza a vida de Alice, numa evidente relação de rivalidade já que não estudou como a filha, nem é mais tão jovem, nem tão bonita. Às vezes, diz, a mãe se sente culpada e lhe compra uma roupa. O que a jovem sabe é que nunca pode contar com a mãe com certeza. Sua mãe, aliás, foi a causa da vinda para a sua casa do primo que, quando Alice era pequena, era o mentor mais velho dos jogos sexuais.

Alice mostra-se assim vítima de um Outro que quer sua perda, de um lado, por causa da injustiça social, de outro, por uma insensibilidade materna. Essa relação com o Outro a deixa na posição de menos gozar em que, objeto de gozo do Outro, procura esquivar-se desse lugar.

Por outro lado, é sua relação com o pai a que melhor permite uma contra-experiência, por mais religiosa que seja sua posição na igreja, ela lhe outorga um lugar importante nas cerimônias, um outro lugar que implica uma mediação paterna, aqui ela não é mero objeto de gozo do Outro. Sustentada na função paterna, Alice pode desejar, mas... isso é proibido pela própria posição que ocupa na igreja. Não mais esconder que deseja, nesse âmbito, é fazer uma escolha, mas como escolher prescindir do pai se sua identificação com ele é tão importante para manter-se como sujeito desejante?

O caso de Alice mostra de forma exemplar que a própria questão da sexualidade na adolescência, a escolha de seu exercício, necessariamente leva à desconstrução dos ideais existentes até então. Para se exercer como mulher, com seu desejo sexual, algo tem que ser elaborado na relação com a função paterna, algo que ocupava tanto os seus investimentos libidinais que Alice não podia ainda tomar uma decisão. Até que, enfim, em uma sessão, Alice pôde dizer: "Meu pai teme que eu fique muito parecida com minha mãe antes de ela ter mudado sob sua influência, pois quando eles se conheceram ela andava muito decotada e *de mini* — e papai não gosta, acha coisa de prostituta." E então observa que é muitas vezes igualada à mãe daquela época pelo pai e que no fundo é a mãe a enganadora, pois *se faz de certinha* quando, na realidade, não era assim. É aqui, finalmente, que se esclarece a falta de confiança nos pais.

Além disso, o caso de Alice também exemplifica que a adolescência de uma moça sempre implicará o binômio idealização/devastação, o que Nelson Rodrigues tão bem soube retratar em suas obras. Pois mesmo se o rapaz — pensemos no namorado de Alice — pode concebê-la como um sujeito com suas indecisões, o Outro sempre a verá ou do lado da menina que se mantém a jurar, ou do lado do objeto, sustentado pelos próprios desígnios da mãe que, enciumada da juventude de sua filha, não consegue fazer nada para ajudar.

Vicissitudes do saber para a escolha profissional e a inibição

Até mesmo no que tange o campo do saber é fundamental a relação do sujeito com o Outro. Os fatores que se associam à possibilidade de saber são inúmeros e mereceriam um livro à parte. Para Freud, a possibilidade de saber se associa diretamente à maior ou menor liberdade do sujeito na sua relação com a curiosidade. E esta, segundo ele, é sempre originalmente sexual: as primeiras investigações da criança são sexuais. O famoso caso do pequeno Hans, um menino de cinco anos, o demonstra perfeitamente. Hans iniciou sua pesquisa de identificar as coisas no mundo através da pergunta: "Esta coisa [pedra, girafa, cavalo, mãe, pai etc.] tem ou não tem *pipi*?" O tal do *pipi* do vocabulário de Hans era nitidamente um divisor de águas para ele. No começo, atribuía *pipi* a todas as coisas animadas. Então, pedra não tinha *pipi*, girafa tinha, gente tinha. É muito interessante nos determos um pouco nesse caso porque ele ilustra claramente como o *pipi* funcionava, para essa criança, como uma marca da diferença. Ainda não a diferença sexual, mas esse significante *pipi* era o significante de toda e qualquer diferença para ele.

É por isso que, 50 anos depois, Lacan pôde conceituar o falo como o significante da diferença. É, aliás, sempre um significante que marca a diferença porque não há conceito de diferença fora do mundo da linguagem. Para fazer a diferença é preciso poder ter acesso à linguagem. Hans aí se experimentava e andava na rua perguntando: "Fulano tem *pipi*? Tal coisa não tem *pipi*, não é?" E assim atribuía falos a homens e mulheres. Foi justamente o que se complicou no caso, pois sua mãe lhe respondia: "Sim, eu tenho *pipi*...", o que certamente não ajudou muito a Hans e o levou a dizer, em relação a sua irmãzinha que acabara de nascer: "Ela é tão pequenininha, e olha como ainda é pequenininho o *pipi* dela!" Normalmente, no entanto, a criança começa a descobrir que esse significante também marca a diferença entre homens e mulheres, o que não quer dizer que ela se conforme, imediatamente, a essa realidade. Mas a criança tem toda uma infância para elaborá-la. Então conclui: os homens têm *pipi*, as mulheres não têm. Ponto. Por mais que algumas crianças conheçam a existência da vagina, ainda podem evitar se encontrar com o furo que ela representa por limitarem sua pesquisa à existência ou não do tal do *pipi*.

Ao chegar à adolescência, o sujeito não pode mais evitar a irrevogável impossibilidade de referir a mulher *somente* ao falo. Há algo, em a Mulher, que escapa à referência fálica, ela é *não toda* referida ao falo. Então, se é verdade que o saber é correlato à curiosidade sexual na infância, quando pensamos a adolescência como o encontro faltoso com o real do sexo, isso também modifica a relação com o próprio saber: nem mesmo este é um todo a ser apreendido, ele também é furado, não dá para tudo saber, nem supor que sobre determinada coisa exista um saber todo. Ao contrário da criança, que ainda acredita que se estudar muito vai dominar toda a matemática, o adolescente sabe que isso jamais será possível.

As vicissitudes que podem decorrer daí são muitas, dentre elas, aquela que leva um sujeito a fazer uma escolha profissional. Há um texto de Freud muito bonito sobre as escolhas que nos contos de fada, nas histórias infantis ou ainda nos mitos, os adolescentes — ou príncipes pretendentes — são levados a fazer por ordem de um rei ou um mestre qualquer, o qual busca um noivo para sua filha. Esses adolescentes são postos à prova, e devem decidir, por exemplo, o que trazer para o rei de uma longa viagem cheia de peripécias. No final de seu texto, Freud conclui que a verdadeira escolha do sujeito é a de poder escolher o seu destino. Este é identificado por Freud às determinações inconscientes tanto necessárias quanto impossíveis de dizer. É ao não se contrapor a seu destino, ao comungar com ele, que o sujeito faz a opção que lhe é mais particular. Poderíamos aí também referir a escolha da profissão.

Há uma certa dose de acaso — forma pela qual Aristóteles já definia o destino — na escolha da profissão. Múltiplas causalidades e conjunturas se propõem, não sendo sempre as mesmas de um sujeito para outro: elas podem estar mais ou menos ancoradas na sua história, na determinação inconsciente e significante, ou podem estar mais referidas a uma forma de gozar, ou ainda a uma conjuntura particular do laço social no qual o adolescente esteja inserido. Tudo isso já limita enormemente o campo de cada sujeito! Lembro-me de uma paciente já adulta que me relatou que quando criança era dita tão maravilhosa e capaz em todos os sentidos que, ao chegar à assim chamada "idade da razão" — em torno do final da adolescência —, ainda não tinha podido escolher uma direção em função de isso representar a perda de todas as outras... Há de se supor que, no momento da escolha diante das inúmeras possibilidades, o sujeito possa delimitar uma, e aí, nesse momento, se o adolescente puder aí se engajar, *investir*, escolherá seguir esta ou aquela profissão. Donde escolher um caminho profissional comporta tanto perdas quanto uma aposta. Escolher o próprio destino é não fugir dele, ao contrário, escolher apostar nele, independente de qual ele seja.

A escolha da profissão é, por um lado, a sempre renovada escolha do destino e, de outro, a permanência nessa escolha, ou seja, escolher bem se exercer. Podemos concluir com Freud que a escolha profissional não dá margem para inúmeras possibilidades, ao contrário, implica um *ponto de basta* que intervenha na pluralidade infinda das possibilidades, limitando-se a uma na medida em que, para o sujeito particular, não há possibilidades, mas insistência de uma determinação que lhe é própria. Isso quer dizer que, se na hora da escolha contam causas e conjunturas, o que não é de conjuntura é o sujeito justamente poder escolher bem se exercer. Para tanto, por sua vez, é preciso que a pergunta "Quem sou eu?", surgida da própria vacilação das identificações na adolescência, já não cause tanta angústia. É inevitável que o adolescente possa tê-la respondido de alguma maneira a partir do que faz, mesmo que seja impossível respondê-la toda.

"Quem sou eu?" implica o furo do saber do sujeito que perdeu as referências sólidas às quais estava atrelado como filho, irmão, herói imaginário de seriados de TV e que, chegando na puberdade, foram abaladas. Se o maior trabalho a ser feito na puberdade é o do desligamento do ideal dessas referências infantis, a questão então é: se deixar de ter essas referências às quais eu estava amarrado até agora em minha vida, como fico? A quem estou referido no momento em que, por exemplo, sei que já não posso ir com mamãe para a escola de mãos dadas porque vou *pagar mico*; no momento em que não posso mais ficar sentado com papai para estudar, pois ele já não consegue ficar fazendo deveres comigo; no momento em que meus pais, eu já sei, não têm mais as respostas para as minhas perguntas como acreditava que tinham alguns anos atrás?

O sujeito adolescente se vê levado a construir suas próprias referências, por um lado, e não poucas vezes, a partir daquelas designadas pelos próprios pares, os outros adolescentes; mas sobretudo, e por outro lado, passíveis de se estabelecerem através da introjeção dos pais da infância.

Mas nem sempre a introjeção dos pais da infância se solidifica de forma a realmente permitir o sustento de novos caminhos construídos pelo sujeito. Como já vimos, há sempre uma falha nos pais que também precisa ser elaborada pelo sujeito. Às vezes, ao não elaborá-la, surge a depressão — justamente efeito da *identificação do sujeito com o que falha*. Se há essa identificação é também para eximir os próprios pais da relação com a falha, o adolescente se dá em sacrifício para tapar a falha do Outro. E talvez a maior expressão da depressão assim conceituada seja o "eu não quero saber". Definida já por Spinoza como covardia moral, a depressão sintomatiza a dificuldade do sujeito de encontrar referências simbólicas suficientes para poder, de alguma forma, a partir delas, criar uma direção para si mesmo, isto é, investir numa aposta que possa fazer em suas próprias escolhas. É preciso coragem para escolher! Porque cada escolha, assim assumida como sendo de sua própria responsabilidade, rompe necessariamente com desígnios e ditames. Teoricamente falando, se todo sujeito é alienado ao Outro — ou seja, todo desejo é, por definição, desejo do Outro —, a escolha se faz na vertente inversa, a da separação do Outro, sempre cortando e fazendo recortes nos desígnios e ditames em função do fato de que quando há escolha já nem tudo é possível.

Um exemplo disso é o da adolescente a que me referi no início do livro e que pôde escolher passar no vestibular após vencer tantas dificuldades em função de sua identificação com a falha do pai que se aposentava.

A depressão é um afeto, no caso, uma baixa de energia psíquica, que aparece no momento em que o eu evita a sua determinação — sempre inconsciente — e se liga diretamente com outro fenômeno, as inibições. Estas são definidas por Freud como limitações das funções do eu, fugas — por precaução, ou por falta de investimento. É para não enfrentar o conflito da adolescência com a autoridade dos pais que o eu assume suas precauções. Os conflitos se criam na medida em que toda escolha impede agradar a gregos e troianos — no caso, os gregos seriam os desejos inconscientes e os troianos, o supereu, na conceituação freudiana. Na inibição, o eu empobrece, subtraindo-se ao que determina o sujeito no discurso do Outro, mas mantém sua supremacia sobre o recalcado, reagindo de forma a fazer prevalecer o narcisismo. Como Freud o observou, no lugar dos atos surgem então os sonhos diurnos, e num mundo imaginário o eu vence todos os obstáculos. A relação do sujeito com a realidade empobrece porque há aí uma perda da realidade: além de não querer saber nada sobre sua própria determinação, inconsciente, ele tampouco procura saber como interagir com a realidade externa de maneira a poder modificá-la para que possa melhor atingir seus próprios fins. Na inibição isso se deve ao próprio fato de o sujeito se impedir de saber *quais* são esses seus fins.

Além disso, o sujeito permanece o tempo todo na demanda, pede, quer, exige respostas do Outro, ou não fala nada do que quer do Outro, por saber pelo menos que toda demanda é basicamente demanda de amor. No contexto da demanda de amor, todo adolescente busca reconhecimento. Mas este já não vem com a freqüência com que vinha na infância porque o círculo de relações do adolescente mudou muito, aumentou mesmo, e certamente as pessoas que identifica como seus ideais já não têm com ele a mesma relação que seus pais quando era pequeno. Então o sujeito pode interpretar que já não o amam mais... razão de intensificar a demanda de amor. Há um engano aí, do próprio sujeito sobre ele mesmo: onde acha que quer amor ele na realidade tapa o fato de ser desejante, trocando o exercício de sua possibilidade de desejar pela demanda de amor. A possibilidade de desejar se assenta na própria curiosidade, sexualmente determinada, fundamentando uma posição subjetiva frente a um querer saber. No caso de o próprio sujeito se enganar sobre seu desejo, a relação com o saber o paralisará na ficção de uma presumida incapacidade. Como uma bola de neve, essa incapacidade remete, mais uma vez, tanto à inibição quanto à depressão, ou, num jogo de palavras, à depreciação em que o sujeito se instala.

E, no entanto... há tanto a saber na adolescência!

Neurose e psicose na adolescência

Para todo atendimento ao adolescente, como nos ensina a psicanálise, é fundamental o diagnóstico diferencial de ambas as estruturas. Devemos distinguir aqueles sujeitos que têm recurso à função paterna daqueles que não o têm, e chamamos os primeiros de neuróticos e os segundos de psicóticos. Por exemplo: a depressão é um fenômeno que surge tanto na neurose quanto na psicose, mas o seu tratamento será muito diferente conforme o caso. Para fazermos a diferença só há uma maneira: fazermos o sujeito falar, o que nem sempre é tão evidente no caso do adolescente que apresenta essa fenomenologia pois a depressão traz consigo freqüentemente a timidez, a inibição e a falta de vontade.

Em seu último ensino, Lacan nos dirá que o sintoma amarra o real, o simbólico e o imaginário — os três registros do funcionamento psíquico — e é por isso que o sintoma é um parceiro para o sujeito. Para a criança estruturada conforme a neurose, tal parceiro é o Édipo. Havendo vacilação desse parceiro — o que ocorre necessariamente na adolescência porque os ideais parentais em que o sujeito quis acreditar até então são questionados — o sujeito se vê diante da possibilidade de uma desamarração dos três registros. É o que ocorre na estrutura psicótica, cujo desencadeamento clínico pode se dar na puberdade, justamente no momento em que os ideais se quebram, deixando a céu aberto a zerificação do Nome-do-Pai, ou seja, a ausência da inscrição simbólica da identificação com o Nome-do-Pai, abandonando nosso paciente à mercê da invasão do real. É essa ausência que Lacan identificará com a sua foraclusão. Antigo termo jurídico francês, a foraclusão do Nome-do-Pai designa o fato de que para esse sujeito não há instância simbólica que barre a mãe — primeiro Outro do sujeito.

O sintoma definido como amarração dos três registros pela inscrição do Nome-do-Pai servira para sustentar o desejo nascido da impossibilidade, da tentativa perdida para sempre de fazer Um com a mãe; na adolescência, a solidez desse sustento é posta à prova porque vacila. Donde o pai simbólico deve ser retomado de alguma forma. Para isso, o pai precisa não só barrar a mãe, mas tê-la como causa de seu desejo: "Um pai só tem direito ao respeito e ao amor se o dito amor, o dito respeito ... faz de uma mulher o objeto que causa seu desejo", afirma Lacan. A criança identificava essa mulher com a mãe, mas o adolescente já teve um número suficiente de experiências para não mais idealizar a relação entre os pais. Justamente, não importa tanto quem poderá sê-lo, desde que algo o seja! Não é nem mamãe, nem papai, mas o que o adolescente herda de sua própria infância e que lhe permite mais ou menos apostar na via do desejo. Podemos dizer que esse algo *ex-siste* à mamãe e ao papai, existe a partir do Édipo — a história na qual acreditamos e que nos dá nosso lugar na economia libidinal —, sem sê-lo mais; já está para além do pai. Ou seja, o adolescente tendo herdado a referência edípica é um sujeito desejante; para tal, sempre será necessário se servir do pai de alguma forma.

Digo que a própria adolescência é uma escolha do sujeito. Ele pode escolher atravessá-la, mas pode também não escolhê-la. Entendo que entrar na adolescência já é, *per se*, uma escolha — o sujeito escolhe assumir o desligamento dos pais. Única forma de concebermos o sujeito como responsável, na contramão que a psicanálise impõe à ideologia psicojurídica do século XIX, é a de atribuirmos a ele a responsabilidade pela escolha de seu *pathos*, a qual por exemplo Althusser tanto pleiteou. Na mais perfeita tradição freudiana, o sujeito faz essa escolha sem se dar conta de suas conseqüências — escolhemos a doença, seja ela a neurose ou a psicose, sem contabilizarmos o preço que iremos pagar por ela; aliás o sujeito se ilude, normalmente, de que não terá de pagar preço algum. Na realidade, a única forma de escolher sem ter que vir a pagar um preço depois é a de pagá-lo de saída. A adolescência como escolha do sujeito implica pagar o preço do desligamento dos pais, assumir que só é possível contar com o Outro em nível simbólico.

Não é possível pensar a adolescência sem referência à castração, porque o trabalho que a representa é o da tentativa de elaborar a castração, o que cada sujeito estruturado conforme a neurose fará de seu jeito.

1. Temos, por exemplo, os ritos iniciáticos dos primitivos ao *piercing*, passando pelo grafite: inscrições culturais no corpo do sujeito e em seu mundo, que *convertem* a castração de maneira a procurar dar conta da angústia intrínseca a ela;

2. Temos o incremento das identificações ao outro nos fenômenos — que vão desde a moda, o maior ou menor cuidado com o corpo, até as disputas grupais (nos esportes, nos grupos minoritários, nos jogos, nas salas de *chat* da Internet) — que permitem, às vezes mais, às vezes menos, velar a angustiante questão de que falta um significante no Outro;
3. Temos ainda a paixão e as diversas formas de amar a fim de preencher a lacuna da relação sexual impossível.

Se o neurótico teme realmente alguma coisa, explica Freud, essa "coisa" diz respeito à castração do Outro, ou seja, ele teme que a falha acarrete sua não sustentação enquanto sujeito. Caso o sujeito se torne neurótico, quero dizer, realmente neurótico, ele terá dificuldades em atravessar sua fixação em relação ao pai idealizado. E isso o fará sofrer muito, pois, de um lado, tentará velar a falha do pai e, de outro, ele não quererá saber dela. Por incrível que possa parecer, a energia que o sujeito gasta para velar o que quer sempre aparecer consome todas as suas forças, e quanto mais neurótico for, quanto mais dificuldades em atravessar a posição que mantém o pai idealizado, menos libido estará à sua disposição para novos investimentos.

O problema é outro quando falta a própria sustentação simbólica, e aí temos a psicose, estrutura subjetiva que se constrói a partir do fato de que o sujeito precisa posicionar-se frente ao irrepresentável, mesmo quando há foraclusão do Nome-do-Pai e de sua conseqüente referência fálica. A adolescência sendo o *trabalho de elaboração da falta* (da castração) *no Outro*, não acontece quando essa falta está foracluída; só há adolescência caso o sujeito possa enfrentá-la. Por isso, já em 1895 Freud escrevia "todo adolescente traz dentro de si o germe da histeria".

Às vezes, não é preciso haver uma foraclusão da falta para o sujeito se experimentar sem recurso diante do Outro. Em realidade, toda experiência traumática implica o encontro angustiante com a ausência da lei do desejo no Outro. Isso pode se apresentar para o sujeito tanto na vertente de uma figura do Outro que não dá trégua quanto na ausência de alguém que possa encarná-lo para aquele sujeito particular.

No caso publicado por Sarnoff de uma menina-moça que se autodenominava George, é somente com o encontro com o analista que a elaboração da falta pôde se dar. Oito meses antes do início de sua análise, sua agressividade se intensificara muito, assim como os momentos de angústia. George tinha sido submetida a uma cirurgia de hérnia. Fora-lhe prometido que veria a mãe antes da operação, o que não ocorreu. Quando a mãe chegou ao hospital no horário combinado, a cirurgia já havia sido realizada de uma forma que foi vivida pela paciente como extremamente traumática. Não podemos deixar de observar que George provavelmente aqui se deparava com uma versão do Outro sem limite — toda cirurgia é sempre vivida como ameaçadora — ao qual estava completamente submetida, sem nem mesmo o recurso para uma transferência apaziguadora, que muitas vezes se dá através da presença dos pais no momento pré-operatório, razão da importância da presença dos pais junto ao adolescente hospitalizado.

Ali onde o gozo do Outro não tem limite para um sujeito, ou ele começa a penetrá-lo (foi o caso do presidente Schreber, psicose longamente analisada por Freud em 1911), ou o sujeito necessita criar artifícios que sustentem a função paterna para barrá-lo. A menina-moça George, com seu "desejo de ter um pênis", cria um desses artifícios. O pênis que desejava tinha por função mediar sua relação com a mãe. Para George, a falha da função paterna — comum a todos os neuróticos, a exemplo do pequeno Hans, que busca sustentar a função paterna com sua fobia de cavalos — é patente na própria queixa endereçada ao analista, as enormes crises de temperamento com agressão, descritas pela mãe. Trata-se aqui de um apelo do sujeito por limites, em razão de a menina-moça se sentir ameaçada por invasões, seqüestros e roubos: a versão neurótica das investidas do Outro schreberiano que no caso da psicose invade o próprio corpo do sujeito em razão da desamarração dos três registros — real, simbólico e imaginário.

Se o Nome-do-Pai tem por função sustentar o sujeito enquanto desejante, o adolescente neurótico para o qual falha seu sustento se acovarda, antes de mais nada, frente ao próprio desejo.

Mas George não é um sujeito que escolhe não fazer o trabalho exigido em direção à adolescência, ao contrário de tantos adolescentes que, diante das dificuldades, acabam escolhendo a preguiça. George, em verdade, se põe a trabalho: primeiro sozinha, na tentativa de construir uma fobia;

depois, com a sorte de encontrar um analista, que pôde assisti-la por algum tempo.

Eis onde o adolescente pode ser assistido: seja na relação com os mestres, seja pelo psicanalista.

Dentro da psicose, a posição mais radical que o sujeito pode assumir é, certamente, a que Eugen Bleuler batizou de esquizofrenia, em que, como disse Lacan, "o sujeito é sem o socorro de nenhum discurso estabelecido". Aí também falta a dimensão do apelo, tão comum nas multifacetárias "atuações" de nossos adolescentes em busca de uma assistência.

O sujeito psicótico, que tem crises na idade em que normalmente os sujeitos são adolescentes, está tão submetido ao Outro que não tem a menor idéia de como poderá vir a se separar dele um dia. As tentativas são tão variadas... e jamais desembocam em qualquer pista para uma possível saída. Em geral são os próprios pais que já não suportam mais o estado em que seu filho se encontra e por isso procuram um analista. É mesmo surpreendente o quanto suportam até procurá-lo ou até se perguntarem se não há algo ali que transcende os conflitos familiares normais da adolescência.

Enquanto o adolescente, ancorado no significante, elabora aos poucos a fragilidade dos revestimentos que atribuiu à autoridade durante toda sua infância, o psicótico não pode elaborá-la. Na impossibilidade de lançar mão do Nome-do-Pai nesse momento tão decisivo que é a adolescência, o sujeito psicótico procura reconstituir a consistência imaginária da autoridade dos pais, razão pela qual, na clínica da esquizofrenia, por exemplo, observamos que o adolescente se submete com extrema facilidade à autoridade dos pais — ou de quem os substitui — quando já não sabe o que fazer.

A foraclusão do Nome-do-Pai na psicose compromete, entre outros, a relação do sujeito com a realidade e, em função disso, com os outros, às vezes, a ponto de o psicótico colocar sua vida em risco, lutando com seus próprios fantasmas. Se a perda da realidade na psicose implica a construção de uma nova realidade — o delírio —, por outro lado pode facilitar o acesso à própria realidade psíquica inconsciente de tal maneira que o sujeito, sem a censura neurótica e sua intrínseca debilidade, enxerga coisas que a neurose vela. Daí a quantidade de obras artísticas, literárias e mesmo científicas produzidas a partir do maior trânsito com o saber insconsciente, sempre censurado e recalcado para o sujeito neurótico. A história de John Nash, tema do filme *Uma mente brilhante* (2001) o demonstrou para um público leigo.

Outra conseqüência da psicose diz respeito ao tipo de gozo que se impõe ao adolescente. Se a referência ao Nome-do-Pai é fundamental para o sujeito se situar na partilha dos sexos, e se o Nome-do-Pai barra o gozo do Outro, quando essa referência está foracluída do simbólico, o sujeito está à mercê de potências e gozos invasores contra os quais nem mesmo os limites físicos do corpo o protegem. O próprio corpo pode terminar por ser palco de um gozo do Outro a invadi-lo, despedaçá-lo, provocando transmutações que beiram as imagens melhor descritas até hoje pelos artistas surrealistas e suas fontes na história da arte ocidental. Na experiência invasora do corpo, seja da ordem de uma hipocondria melancólica (do tipo descrito por Cotard), seja da ordem do despedaçamento esquizofrênico, o corpo próprio deixa de ser próprio, ele é Outro. Na esquizofrenia "o Outro toma corpo", presentificando uma alteridade que goza na economia psíquica do sujeito, da forma descrita por Freud como auto-erótica. Preso nessa economia, cuja experiência vai se tornando a cada dia mais invasora e mais terrível, resistir à premência por um ponto de basta é também cada vez mais insuportável. Eis onde assistimos às passagens ao ato na psicose, em particular o suicídio de separação — única forma então encontrada pelo sujeito de terminar com *isso*.

É porque o Nome-do-Pai está foracluído na psicose que esses sujeitos estão sempre na dependência de outra referência, *concreta*. Na ausência dos pais — quer por falta de investimento, quer por excesso de trabalho, ou mesmo por abandono (e suas várias formas) —, o jovem psicótico poderá encontrar quem queira fazer de conta substituí-los e que sempre terá suas intenções que se baseiam em interesses os mais diversos. Dentre eles, o muito atual lucro do tráfico de drogas certamente não é o único.

É uma tentativa de restabelecer algum investimento e alguma consistência que faz o sujeito psicótico atribuir ao outro uma proximidade. Esta, no máximo, se dará nos moldes narcísicos, e no melhor dos casos por se preservar então uma *Gestalt* imaginária — com todos os riscos que a relação imaginária impõe e que vão desde a exacerbação narcísica, e todos os seus mecanismos de projeção, até a depressão psicótica.

Definitivamente não é o caso de George. Uma de suas primeiras declarações ao analista teria sido: "Eu quero ser um menino. O que eu faço para conseguir um pênis?" George começou sua busca por um. Tinha muita habilidade nos esportes, gostava de brincadeiras de menino e insistia em usar roupas também de menino, colocando um *short* por baixo sempre que vestia uma saia ou um vestido. Acreditava que os atributos masculinos a fariam sentir-se mais forte para suportar seus sentimentos, escreve Sarnoff. Nas palavras de seu analista ainda: o pênis equivalia, portanto, a um símbolo de força; Sarnoff identificou o pênis no discurso de George à medalha que transformou o Leão covarde num bravo em *O mágico de Oz*. Ele relata que houve sessões em que George prendia entre as coxas uma boneca ou um revólver de brinquedo de tal forma que ficassem pendurados como um pênis.

Nos momentos de separação, ou quando "as regras maternas passavam por cima de seus desejos", as crises de temperamento e o desejo de ter um pênis se intensificavam e eram interpretados pelo analista como defesas contra os sentimentos de raiva, solidão e fraqueza. Sarnoff comenta finamente: a menina-moça que se chamava George achava que os atributos físicos do menino a ajudavam a controlar seus próprios sentimentos, daí o desejo de solucionar com eles, magicamente, os seus.

O pênis em questão certamente não é o órgão sexual masculino, mas a expressão da qual essa menina de nove anos pôde lançar mão para tentar barrar a mãe na ausência de um pai que durante todo o relato do caso só aparece para dizer que não tem testemunho a dar. Como já observara certa feita Serge Leclaire: aqui o órgão serve para ser colocado na boca do jacaré — que pode devorá-la — a fim de impedir que esta se feche sobre ela. Bastão de mágico ou medalha, o pênis de George é o falo que vem barrar a mãe e que se torna tão necessário que ela corre o risco de pagar bem caro por sua aquisição: sua permanência na latência, sua identificação com os meninos, a impossibilidade de escolher a adolescência, o que só poderia vir a fazer no caso de efetivamente suportar encarar a falta do falo. Mas George realmente encontrou um analista, que lhe permitiu escolher a adolescência.

Assistência

Propus que o adolescente pode ser assistido tanto pelos mestres quanto pelo psicanalista. Diria mais: ambas essas propostas não me parecem excludentes, embora sejam particularmente muito diversas. É na leitura da obra de Freud que, mais uma vez, encontramos tanto a primeira quanto a segunda. O que distingue o mestre do psicanalista é a posição que cada um toma quando está frente a frente com o sujeito adolescente. Essa posição foi estudada por Jacques Lacan sobretudo a partir do *Seminário 17,* em que conceitua os discursos que fazem laço social, dentre os quais figuram tanto o discurso do mestre quanto o do psicanalista. Mestre e psicanalista são os agentes de cada um desses dois discursos, respectivamente. Só que no caso do discurso do mestre o agente é um dito, enquanto que no discurso do psicanalista o agente é a causa de desejo. Eis toda a diferença: quando a causa do desejo é agente, o outro — aquele para quem o discurso se dirige — é um sujeito e é como tal que o psicanalista se dirige ao adolescente para fazê-lo trabalhar a fim de produzir sua própria determinação — descobrir seu inconsciente, verificar o que o determina para o sofrimento do qual se queixa, a fim de se descobrir sujeito desejante. Quando o agente é um dito ou ditame, conforme o modelo hegeliano, o outro é escravo e deve trabalhar em prol do mestre, para satisfazer desejos e demandas dele. Isso, sem dúvida, dá referências e direções, mas mantém o sujeito sempre, de alguma forma, no lugar do escravo. O texto de Frank Wedekind, escrito no final do século XIX, já nos deu algumas oportunidades para verificá-lo.

Há duas leis possíveis de serem transmitidas pela escola: a lei veiculada pela função paterna enquanto barrando o desejo do Outro, ou seja, a lei que castra o Outro, e a lei da pura interdição que justamente não sustenta o sujeito enquanto desejante mas tiraniza-o, exigindo que trabalhe deixando seu próprio desejo para Um depois. Essa segunda forma da lei é expressa no texto de Wedekind na experiência da personagem Moritz: Melchior pergunta: "Eu só queria saber por que é que a gente veio parar neste mundo?" Ao que Moritz responde: "Para ir ao colégio. Eu preferia ser um burro de carga a ir ao colégio! Para quê nós vamos ao colégio? Para fazer os exames! E para quê os exames? Para sermos deixados cair."

Essa fala de Moritz reflete um tipo de relação entre o mestre e o aluno semelhante àquela mencionada por Schreber em seu delírio quando diz que, não importa o que faça, Deus poderá deixá-lo cair a qualquer momento. Deus é para Schreber um Outro onipotente sem limites, uma autoridade absoluta, o Outro não-barrado. Esse Outro sem limites é, no caso de Moritz, o professor que não se importa com qualquer apelo do sujeito-aluno, descaracterizando mesmo o aluno enquanto sujeito. É disso aliás que fala Freud quando, em 1910, durante a discussão na Sociedade Psicanalítica de Viena sobre o suicídio, observa que os mestres deveriam se ocupar mais em sustentar o aluno a partir do lugar da função paterna. Não é deste lugar que agem os professores de Moritz, ao contrário, eles o deixam cair, e ele se suicida.

Diferente é a educação como um ato de amor. Também o verificamos no caso Moritz. A sra. Gabor, mãe de Melchior, maior amigo de Moritz, sempre fora muito gentil com o amigo de seu filho. Quando Moritz já se vê sem saída, deixado cair, ainda tem a idéia de pedir à sra. Gabor uma ajuda financeira para fugir para os Estados Unidos. Mas ela não poderá fazê-lo, crente como é na possibilidade de Moritz resolver as coisas com seus pais. "Se eu procedesse assim estaria cometendo o maior erro que jamais se poderia imaginar, eu estaria lhe dando meios para você consumar um ato de irreflexão repleto de conseqüências", diz a sra. Gabor. "Seria injusto de sua parte, Moritz, se você visse em minha atitude qualquer sinal de desprezo, mas, por favor, meu amigo, entenda, muito pelo contrário: minha atitude é um ato de amor ... Você escreveu que se sua fuga não fosse possível, sua única alternativa seria o suicídio! Escrevendo isso, indiretamente, você está me ameaçando!"

Com essas palavras, a sra. Gabor mostra como se identifica subjetivamente com aquele a quem Moritz está dirigindo seu apelo, a ponto de falar de amor ali onde Moritz solicita um Outro que justamente não se coloque narcisicamente. O amor aqui, como tantas vezes, não é aquele que implica um dom, mas trata-se do amor narcísico da sra. Gabor, que se outorga o direito de saber melhor sobre Moritz do que ele próprio. Uma senhora que inchou narcisicamente porque o jovem a elegeu para ajudá-lo a se salvar. Mais uma vez o texto de Wedekind é esclarecedor quanto às falácias que podem estar implicadas na relação do adolescente com o mestre: no caso, a crença no amor. Quanto ao analista, o mínimo que se poderia esperar aqui seria um "fale-me mais sobre isso", provocando o adolescente para a subjetivação de sua própria questão.

O sr. Gabor é muito diferente de sua esposa: quando se trata de seu próprio filho, sua atitude é um exemplo do que foi cunhado por Lacan como sendo o amor enquanto dom. Dirigindo-se à esposa após Melchior ter sido descoberto e, portanto, expulso da escola em razão de suas atitudes, ele diz: "Durante 14 anos venho observando seus métodos modernos de educação sem dizer uma só palavra [referência, já no final do século XIX, aos métodos educacionais que deixavam a criança livre]. ... A criança merece de nossa parte uma atenção mais sagrada! ... Agora a única coisa que quero é remediar o mal que nós, eu e você, fizemos ao nosso filho! ... Se quisermos manter pelo menos uma réstia de esperança e se, acima de tudo, quisermos manter a consciência tranqüila como pais responsáveis por um filho acusado de criminoso, chegou nosso momento. É hora de tomarmos uma atitude. ... Pelo menos uma vez na vida abra mão de alguma coisa quando se trata de seu filho."

O sr. Gabor tem uma referência bem diferente do amor... Trata-se aqui do amor como dom, como abrir mão de alguma coisa para apostar no filho adolescente. Diferentemente daquele amor narcísico da sra. Gabor quando se dirigia a Moritz, o pai de Melchior se implica e, para tal, sabe que terá de perder alguma coisa. Ele assume a função paterna de sustentar o seu filho barrando a mãe que, como ele mesmo o diz em outro momento do texto, espelha-se no rapaz. Além disso, o pai de Melchior coloca-se como dividido, sofrendo pela própria posição que se vê obrigado a tomar como pai, e que não tomara antes como deveria, mostrando que também falhou, tanto ele quanto a esposa teriam feito mal ao filho porque não exerceram a função de o dirigirem pelo caminho que queriam. Há duas posições aqui em jogo: a lei do pai que "precisa ter seriedade, tomar uma atitude a fim de manter a consciência tranqüila" — como diz o texto de Wedekind — e o desejo da mãe que se identifica com Melchior, que o quer espelhado nela. É, aliás, a atitude do sr. Gabor que abre a possibilidade de Melchior encontrar o Homem Mascarado, personagem de Wedekind que Lacan pôde identificar com um dos nomes do pai do qual Melchior virá a poder se servir.

O que o Homem Mascarado diz para Melchior é que deixe de atribuir tanta significação aos fatos ocorridos e que, ao contrário, vá tomar uma sopa bem quente pois já o fará se sentir melhor. A primeira função do Homem Mascarado é a de esvaziar de sentido as cenas dos últimos meses, que isso não o fará perder todas as referências posto que ele, Homem Mascarado, estaria lá, a seu lado, para acompanhá-lo. Ele também mostra que apesar de a função paterna ter operado no caso de Melchior, o Homem Mascarado não é o pai, ele é o resto de significante do pai que permite a Melchior uma referência simbólica que alude, ao mesmo tempo, a um para além do pai.

Quando o Homem Mascarado seduz Melchior a conhecer o mundo, tal Mefisto com Fausto, ele assume a forma híbrida à qual Lacan alude ao mostrar a associação entre o Homem Mascarado e a Mulher, versões do pai que apostam no sujeito do desejo. Essa aposta não deixa de ser terapêutica. A fala terapêutica do Homem Mascarado: ... "Eu quero te abrir as portas para o mundo. Quer? Você está assustado, completamente perdido, mas isso passa. Seu estado é lastimável. Com um jantar quente no estômago você rirá disso".

É nesse ponto também que encontro o campo de interseção entre o mestre e o analista, pois, tal como o Homem Mascarado, o analista tampouco é pai e se ele não se mantém ao lado do sujeito para sempre — ao contrário do Homem Mascarado — é só porque pode convocar o sujeito a elaborar sua travessia para além do pai, não sem dele se servir, deixando então cair o analista, no movimento inverso daquele que identificamos no sujeito submetido ao discurso do mestre. Mas nem sempre isso é franqueado ao analista: é possível que o sujeito não possa se servir do pai, como é o caso na psicose. Contexto no qual, entretanto, não é menos necessário distinguir o seu lugar do lugar do mestre no discurso do mestre.

O caso Sérgio, para concluir

Não foi fácil conseguir que viessem os três: o pai, a mãe e Sérgio (17 anos). Ela, preocupadíssima com o filho, não tem condições financeiras para o seu tratamento e é por isso, dissera, que era necessária a presença do pai. Mas não tem muitas esperanças pois ele não acredita que um tratamento possa resolver o problema do filho. O problema de Sérgio, segundo o pai, é uma fraqueza moral. Observa que já dissera várias vezes para seu filho que seguisse seus passos exemplares cujo princípio é o de tirar vantagem em tudo. Aliás, foi assim que ficou rico, numa empresa que criou. Durante a entrevista fala ao telefone celular sem nenhuma justificativa. Está perdendo dinheiro enquanto permanece no consultório e, ainda por cima, terá que pagar a analista. "Não há problemas com dinheiro, pago qualquer coisa, o que for pedido, mas duvido que meu filho dará continuidade: ele é fraco, não sustenta o que quer, aliás, nem quer vir... Não é, Sérgio?" — exatamente as palavras ditas pelo pai durante a entrevista com a analista.

Sérgio mora com a mãe, mas quando ela sai de casa para o trabalho, ele não faz nada. O pai os deixou, hoje mora com outra mulher, tem outra família. A mãe faz um tratamento psicanalítico e acaba de iniciar nova relação amorosa.

Quando Sérgio tem que fazer de conta que vai para a escola ele parte *pra* rua. Conhece muito bem a rua e todos do bairro o conhecem. Gostam dele e, poderíamos dizer, Sérgio quer ser adotado por aquele grande bairro do Rio de Janeiro. Isso, evidentemente, ele conta quando sozinho com a analista. Conta também que toda preocupação da mãe com a droga é totalmente desnecessária no momento atual, mas isso ela não sabe.

Durante a entrevista com a família, entre uma ligação e outra do celular, os pais brigavam. Porque Sérgio usa drogas quando vai para o prédio do pai. É lá, no *play* do prédio, que a droga é não só negociada quanto consumida. Mas por mais que Sérgio use a droga no *play* do prédio do pai, não corre nenhum risco de ser pego por este, mais ocupado com seus próprios *gadgets*.

O risco veio de outro lugar e fez Sérgio largar a droga, o que nem a mãe sabe. Há três meses, com droga no bolso tarde da noite, nas proximidades de uma favela, uma *blitz*. Sérgio correu muito diante da possibilidade de ser pego, corria com a angústia da morte: viu-se diante dela e foi por isso que *topou* vir à analista; no fundo, tentava escolher a vida. Já não usava drogas desde o episódio, pois não queria, nunca mais, confrontar-se com a morte como naquela noite. E sabia, a droga o faria reviver isso.

Como se sabe, em psicanálise não se focaliza o sintoma que originou a demanda de tratamento. Fiz minha primeira pergunta a Sérgio: "Essa angústia o faz lembrar de alguma outra coisa?" Resposta imediata: "A separação de meus pais." Depois de um "fale-me mais sobre isso", a associação:

"Fui eu a causa da separação de meus pais. Me sinto culpado pela separação de meus pais, até hoje brigam por minha causa."

Há duas acepções da droga no caso. Em primeiro lugar, a já mencionada, quando era consumida no *play* do prédio do pai — a droga como apelo ao pai. Nesse contexto, a droga é instrumento de transgressão com a função de tentar fazer existir a lei. Mas o pai não vê essa vertente. Ele não se importa que seu filho use drogas, "pois isso é coisa da idade", como diz textualmente na entrevista. Para o pai, ele não pode é cair na mão da polícia — aliás, diga-se de passagem, a única coisa que Sérgio realmente evita! O problema para o pai é que seu filho é um fraco — é disso que o pai se queixa.

A segunda acepção da droga no caso é a identificação ao pai. Tal como o pai tem seus objetos fetiche — cuja versão "celular" pudemos observar na entrevista —, o filho também encontra na droga um moto de vida, um *gadget* próprio aos usados por aqueles de sua idade, conforme seu pai.

Como o sujeito é dividido para a psicanálise, em parte Sérgio faz um desesperado apelo à identificação com o pai para, por outra parte, não sucumbir à terrível acusação de fazer os pais brigarem e que se fundamenta no *mui* neurótico complexo de Édipo ao qual procura apegar-se a todo custo: o custo de ser culpado pela separação dos pais.

E concluo: a droga não está ligada a uma estrutura. Sérgio confirma sua utilização na miragem do neurótico, a qual divide o sujeito de forma dantesca, o que, no caso, é confirmado pela noção de expiação. Como todo neurótico, também Sérgio prefere a sua divisão àquela do Outro, aqui *gestaltizada* pela separação dos pais.

O sujeito, como tal, nunca está exatamente lá onde pensa, nem ali onde é, pois o sujeito, como Freud nos ensinou, é dividido. Sérgio, sem dúvida, está entre alienação e separação. Donde a vertente do apelo se faz presente no discurso de Sérgio, um apelo ao Outro que, como em todo adolescente em dificuldade, se acirra à proporção que o Outro se dessolidariza. No caso, o Outro parental.

O sujeito adolescente somente suportará deparar-se com a falha estrutural da função paterna se, até então, a metáfora paterna exerceu toda a sua função; e ele somente poderá caminhar na direção de prescindir do pai se *a priori* ele pode dele se servir. Quando isso não ocorre, várias serão as conseqüências. Para Sérgio, o lugar ao qual é designado na fala do pai que, em vez de calar frente à pergunta do filho sobre o desejo do pai, não lhe deixa muita escolha: ele é um fraco. Esse desígnio coloca Sérgio frente a frente com a despossessão, ele é literalmente despossuído de qualquer atributo que lhe poderia valer uma atenção. Ele é o objeto jogado fora, na compra da droga, no dinheiro que aí vai, jogado fora da própria relação dos pais. Ele é o objeto que cai da interseção entre alienação e separação.

É a falta do olhar do pai no evidente apelo, quando Sérgio se droga no *play* do prédio, que provoca um curto-circuito no objeto olhar — objeto pulsional — que o pai não acolhe, ele não olha, e Sérgio deixa-se cair na ausência da ligação. A mortificação nasce aí, ali onde Freud inscreve a *Triebentmischung* (a desintrincação pulsional) que deixa a céu aberto o que toda pulsão implica, a pulsão de morte. Puro gozo desintrincado do desejo e cujo vislumbre se torna patente para Sérgio no risco corrido junto à polícia, levando-o ainda a fazer um movimento na tentativa de lhe construir diques, fazendo-o vir à analista.

Ao poder evocar a culpabilidade, Sérgio pode reerguer o Outro, ele tenta lhe atribuir uma consistência: quando ele se culpa, não é o Outro que o abandona, mas é ele quem largou primeiro e, com isso, Sérgio mantém uma crença na consistência daquele, atribuindo a si mesmo toda desmedida responsabilidade. Como é um adolescente neurótico, o Édipo lhe dá os meios para tal, sustentando-o, mesmo claudicante.

Quais as três grandes referências ao Outro na adolescência? O Outro da metáfora paterna; o Outro da cultura e o Outro sexo. Quando a criança nasce, ela é um ser de todas as possibilidades. Mas necessariamente irá se deparar com o Outro — o Outro primordial, a mãe; o Outro do desejo; o Outro da linguagem; o Outro da cultura; o inconsciente enquanto tesouro dos significantes; a Mulher, o sexo que não está todo referido ao falo. Todo encontro com o Outro limitará o ser de todas as possibilidades; ele já não terá mais *todas* as possibilidades. Em função disso podemos dizer também que o Outro mortifica o ser.

Não há como não se alienar ao Outro. Isso é definitivo no contexto da humanização do ser. Portanto, é da mortificação do ser a partir de sua relação com o Outro que, ao mesmo tempo, nasce o sujeito. Por mais que todo desejo seja sempre desejo do Outro, na medida em que o desejo jamais poderá ser dito, o sujeito do desejo tem aí seu livre-arbítrio. O exemplo disso, dado por Lacan, é fundamentalmente trágico — diante da pergunta feita ao nobre no momento de ser guilhotinado no período chamado "do Terror" na Revolução Francesa: "A Liberdade ou a Morte?", a única forma de escolher a Liberdade era a de escolher a Morte. Caso contrário, o sujeito se enganaria de estar escolhendo a Liberdade.

Felizmente, *em linhas gerais*, não estamos vivendo o Terror e o adolescente pode fazer escolhas que não sejam a morte. O adolescente é esse sujeito que escolhe sustentado na alienação ao Outro mas inscrevendo, na relação com o Outro, a vertente da separação. O trabalho da adolescência se inscreve na elaboração desse binômio: alienação e separação. Atravessá-la é também suportar o fato humano de que somos todos alienados e, ao mesmo tempo, poder tirar conseqüências absolutamente singulares dessa mesma alienação — e se servir dela!

Não há sujeito a quem mais incomode a expressão do adulto "O que os outros vão dizer?!" do que o adolescente. Ela remete à falha daquele que o adolescente identifica como Outro, põe à mostra a sua insuficiência de sustentar o que diz ou, mesmo, de romper com os ditos para dizer o que *bem entende*. Por outro lado, e ao mesmo tempo, tal falha *destrona* aquele que ele colocara no lugar do Outro! No fundo, o Outro barrado do sujeito a essa altura já está incorporado e já se iniciou um grande trabalho de desconstrução do Ideal até então suposto aos pais. Cada questão, cada percepção, cada atenção é colocada em dúvida. E então pode irromper a questão: o que sou? Para respondê-la, a primeira coisa a fazer é se encontrar frente a frente com o "*Che vuoi?*", a pergunta do diabo no conto de Cazotte: "O que o Outro quer de mim?" Responder a isso é também abrir uma nova questão: que Outro? O Outro do desejo? O Outro do gozo? O sujeito acha que já não sabe mais nada! Eis por que às vezes decide desistir e romper com todos os parâmetros.

Quando o Nome-do-Pai está foracluído do simbólico, ou seja, na psicose, o sujeito pode até procurar matar o pai no real... Assim, o parricídio pode ser uma das conseqüências da psicose, mesmo se a recíproca não é verdadeira. Por outro lado, em função dos efeitos possíveis da droga levarem ao gozo acessível que, por sua vez, escamoteia a falta geradora do desejo, assistimos atônitos a casos que atualmente se multiplicam na mídia em que adolescentes assassinam pais ou substitutos para, depois de caírem em si, desesperarem-se. O parricídio é tão antigo quanto a história da humanidade — Freud já o descreve quando estuda a função totêmica —, mas é muito provável que o próprio discurso do capitalismo, baseado na idéia de que sempre se deve ganhar alguma vantagem, aponte aos jovens esse gozo aparentemente fácil. Em ambos os casos — no discurso do capitalismo e no uso de drogas — as vantagens são uma falácia pois o sujeito entra em tal curto-circuito que não se dá conta de que o que perde é sua própria falta e, quando a falta falta, não há mais desejo possível. Em seu escamoteamento, o adolescente já não sabe mais avaliar a importância que têm seus pais (ou substitutos) para ele como alicerces. Seu assassinato pode se seguir então, num momento em que um afeto, uma emoção prevalece sobre o alicerce que ele aprendeu a desvalorizar com o uso de drogas, com sua identificação com o discurso de "amigos", além do próprio discurso capitalista, aquele que foraclui a perda, escamoteia a angústia de castração e muitas vezes impede os próprios pais de perceberem que algo não vai bem no diálogo com seus filhos.

Isso não quer dizer que não haja diálogo, mas que, malgrado as tentativas de diálogos há pontos cegos que nem sempre se resolvem de forma endógena no meio familiar. Muitas vezes a relação endógena vela tais pontos cegos e quando algo não se resolve é preciso mudar os paradigmas. As razões para tal fazem parte daquelas descobertas por Freud no início do século XX: há razões que a própria razão desconhece, elas são inconscientes, da ordem de fantasias, sintomas e conflitos frente aos quais hoje *é possível* lançar mão de um bom psicanalista! Se isso é possível, por que não fazê-lo?

A segunda referência ao Outro diz respeito à cultura e, atualmente, ao capitalismo, justamente. Se por um lado a cultura é transgeracional, por outro, toda geração acrescenta algo seu à cultura. A juventude é profundamente necessária para todas as mudanças culturais e nada muda se a juventude for sacrificada. O que designei como trabalho de elaboração da falta no Outro refletirá na construção de novas redes de significação culturais que, tais como os mitos desde a Antigüidade, são sempre novas tentativas de circunscrever o real. É claro que toda mudança, sobretudo dentro da cultura, promove resistências. Mas é justamente nessa dialética cultural que a própria cultura é capaz de acrescentar sempre algo ao saber e ao saber fazer do homem.

Em verdade, o fato de ter que brigar para fazer valer as suas contribuições à cultura não é o problema da adolescência, mas é, melhor dito, a sua função na cultura. O problema está em outro lugar: ali onde justamente o sujeito adolescente não se sente apto a criar a sua contribuição à cultura de sua época porque faltam os modelos. Altamente democratizante, por realmente permitir a qualquer um propor o que quer que seja, o discurso capitalista não dá nenhuma direção, não promove qualquer laço social, e tampouco leva em conta a castração. Tudo deve ser sempre passível de recuperação, nada pode ser perdido mas tudo deve ser sempre reaproveitado, e ninguém aí assume uma posição de mestria frente ao adolescente. Ele próprio, aliás, não é visto como um sujeito por esse discurso, mas como posição de gozo a aproveitar, comprar e promover mais gozo a partir dos *gadgets* fabricados. Então se investe em roupas, músicas, restaurantes, revistas, bares, *sites* para adolescentes... além disso, os adolescentes são elevados a promotores desses mesmos *gadgets*, criando-se a imagem do adolescente ideal — aquele que melhor consome e propõe consumo. Aliás, freqüentemente o adolescente usa a droga na identificação a novos ideais, no engano de com isso separar-se do Outro — identificado como sendo ainda parental quando, na realidade, este já está metaforizado por seus substitutos. No fundo, o fato de a droga ser proposta pelo grupo já a implica como instrumento de alienação. Nenhum sujeito é totalmente separado do Outro, por mais que o adolescente imagine que isso seja possível...

Finalmente, *a terceira grande referência ao Outro* diz respeito ao encontro com o Outro sexo. Associa-se a isso a questão sexual com a castração que é justamente o que não faz história em toda construção do romance familiar (Freud), ou do mito individual do neurótico (Lacan).

Faltam ao sujeito referências para dar conta do sexo que não o dele. Este constitui, irrevogavelmente, uma alteridade radical sobre a qual é impossível saber tudo. Dela há sempre reações que o sujeito não espera, que são imprevisíveis e que ele não entende! E se o faz, se engana!

A relação com o Outro sexo é da ordem do que não cessa de não se escrever, mantendo o lugar do real no cerne da história, como já dito, realizando o irrepresentável. Aliás é por isso que Freud se interessa tanto pelo sexo, pela sexualidade. Ao lado do tema da morte, o tema do sexo perpetua um impossível de dizer. Quando se trata do encontro com o sexo, o que está em jogo sempre é o Outro sexo, mesmo quando o sujeito prefere um parceiro do mesmo sexo. Isso porque o sexo implica o dois, ou seja, malgrado todas as fantasias de união e harmonia entre parceiros, na vida real a coisa é sempre bastante diferente...

Da mesma forma que o adolescente se depara com a impossibilidade de evitar a evidência da falha edípica, ele se vê diante da impossibilidade de fugir à evidência de que papai e mamãe não se completam, que isso não faz Um, eles brigam, ou então não se encontram muito — na melhor das hipóteses... A relação sexual é impossível porque aquilo que ele é para ela nada tem em comum com o que ela é para ele. Finalmente, o outro sexo introduz um outro tipo de limite para o sujeito: já não aqueles ditados pela Lei interiorizada do pai e da cultura, mas limites incorporados pela própria experiência de que não só não é evidente o modo pelo qual o sujeito pode submeter o parceiro a seus próprios desejos, quanto jamais os seus desejos serão integralmente correspondidos tais como foram nos inúmeros sonhos diurnos que teve até o momento do encontro.

Donde o encontro sexual é uma questão de semblantes que possibilitam o gozo que nunca é todo fálico. A possibilidade da relação sexual no momento da puberdade, abre a via do encontro com o que fura o gozo fálico. É por isso, finalmente, que a literatura, a arte, a mitologia e depois a própria psicanálise de Freud com Lacan pode até mesmo identificar a Mulher com o Outro sexo. Pelo fato de não poder gozar com o órgão referido ao falo pela simples razão de não tê-lo, a mulher não tem os mesmos limites ao gozo que o homem, o que definitivamente indica que há outra coisa.

O Outro sexo, com o qual o sujeito adolescente se encontrará é, finalmente, o nome da coisa que separa toda sua experiência dos sonhos infantis, apontando nele sua incompletude, determinando impossíveis, exigindo uma posição sexuada dependente de sua maior ou menor coragem para enfrentar o seu destino de definitivamente humanizar-se.

Referências e fontes

p.11: A descrição de Freud sobre a puberdade encontra-se no terceiro dos *Três ensaios sobre a teoria da sexualidade* (1905). Ele trabalhou nessa teoria até sua morte, em 1939.

p.17: A frase de Lacan se encontra em "Conferências americanas" (1975), mais especificamente na conferência sobre o "Sintoma", publicada em francês na Revista *Scilicet*, n.6/7, em 1976.

p.23: A *castração do Outro* é um tema de que tratei, originalmente, no texto "Vacillation du sujet dans l'adolescence" publicado em *Trèfle — Bulletin de l'Association Freud avec Lacan* (Toulouse, 1999, n.2. p.63-79).

p.25: *O despertar da primavera, de* Frank Wedekind, 1891, foi comentada tanto por Freud, em 1907 (cf. "Intervention de Freud sur l'*Éveil du printemps* à la Société psychologique du mercredi à Vienne, en 1907", Paris, Gallimard, 1974. Ver final da tradução francesa dessa obra de Wedekind, *L'Éveil du printemps*), quanto por Lacan, em 1974 (cf. "Lacan sobre Wedekind" in *Falo — Revista Brasileira do Campo Freudiano*, jan-dez 1989, vols.4-5) e, malgrado já ter sido encenada no Brasil (fotocópia na Biblioteca do Centro de Artes — UNI-RIO), não temos até hoje uma versão definitiva. A versão consultada é das *Frank Wedekind Werke* (Munique, Winkler Verlag, 1990. vol.1).

p.27: Em 1927 Freud escreveu "O futuro de uma ilusão" em que comparou a religião com a relação filho-pai.

p.36: Desenvolvi um estudo sobre a devastação em "Sexo e devastação com Nelson Rodrigues", na Revista *Ágora — Estudos em Teoria Psicanalítica*, da UFRJ (vol.3, n.1, jan./jun. 2000, p.121-38).

p.37: O caso do pequeno Hans é relatado por Freud em 1909, no texto "Análise da fobia de um menino de cinco anos de idade".

p.38-9: O texto de Freud sobre a escolha, chama-se: "A escolha dos três escrínios" e é de 1913.

p.48: A frase de Freud se encontra na página 479 do "Projeto para uma psicologia". Editora Standard Brasileira das Obras Psicológicas Completas de Sigmund Freud. (Rio de Janeiro, Imago, vol.1, 3ª ed.).

p.48: O texto de C.A. Sarnoff, "The vicissitudes of projection during an analysis encompassing late latency to early adolescence" está em *International Journal of Psycho-Analysis* (1972, n.53, p.515-22). O caso George foi recentemente retomado por mim no artigo "O adolescente e seu *pathos*" publicado na *Revista de Psicologia da USP* (dez.2002, vol.13, n.2, p.183-202).

p.49: O caso Schreber é o objeto do texto "A análise das observações autobiográficas de um caso de paranóia", de Freud, de 1911.

p.50: Pude aprofundar "O surto esquizofrênico na adolescência" em *Autismo e esquizofrenia na clínica da esquize*, organizado por mim (Rio de Janeiro, Rios Ambiciosos, 1999).

p.54: A referência completa ao texto de Jacques Lacan está em *O Seminário, Livro 17: O avesso da psicanálise* (Rio de Janeiro, Zahar, 1992).

p.56: A discussão de 1910 se encontra sob o título "Suicide in childhood" in *Minutes of the Vienna Psychoanalytic Society* (vol.2, Nova York, International University Press Inc., 1967).

p.65: A interseção entre alienação e separação é trabalhada por Lacan em *O Seminário, Livro 11: Os quatro conceitos fundamentais da psicanálise* (Rio de Janeiro, Zahar, 1985), em particular nos capítulos 16 e 17.

p.69: Freud escreveu "O romance familiar do neurótico" em 1909. Lacan escreveu "O mito individual do neurótico" em 1953, cuja primeira versão em português é de *Falo — Revista Brasileira do Campo Freudiano*, jul.1987, n.1.

Leituras recomendadas

• Além dos textos indicados nas "Referências e fontes" e dos outros volumes publicados por psicanalistas nesta coleção não há como deixar de indicar a *Obra completa* de Sigmund Freud e os *Escritos* e os *Seminários* de Jacques Lacan (publicados por esta editora).

• Além disso, para um aprofundamento das questões que dizem respeito à função do pai e à família na psicanálise, sugiro o livro de Bernard Nominé *O sintoma e a família — conferências belorizontinas* (Belo Horizonte, Escola Brasileira de Psicanálise, 1997).

• Para aprofundar a questão do mito de Édipo sugiro a leitura do texto de Marco Antonio Coutinho Jorge, "Édipo: o homem antitético", publicado em *Clínica e pesquisa em psicanálise* de Sonia Alberti e Luciano Elia (orgs.), (Rio de Janeiro, Marca d'Água Livraria, 2000). Quanto à *metáfora paterna*, suas conseqüências teórico-clínicas e o conceito lacaniano de Nome-do-Pai, sugiro o livro de Antonio Quinet *Teoria e clínica da psicose* (Rio de Janeiro, Forense Universitária, 1997).

• Sobre adolescência, outros livros em português que seguem orientação semelhante a de *Esse sujeito adolescente*, de minha autoria, são: de Jean-Jacques Rassial, *O adolescente e o psicanalista* (Rio de Janeiro, Companhia de Freud, 2000); *Adolescência*, textos organizados pela coleção Kalimeros (Rio de Janeiro, Contra Capa Livraria, 1996); *O adolescente e a modernidade*, publicado no Rio de Janeiro a partir dos trabalhos apresentados no Congresso Internacional de Psicanálise e suas Conexões, pela Companhia de Freud, em 1999, e o volume coordenado por Clara Regina Rappaport *Adolescência — abordagem psicanalítica* (São Paulo, EPU, 1993).

Sobre a autora

Sonia Alberti, graduada em psicologia e mestre em filosofia pela PUC-RJ, dedica-se ao tema da psicanálise com adolescentes desde 1984, quando foi convidada para desenvolver na França uma tese de doutorado sobre o suicídio dos adolescentes, com bolsa de estudos da Capes. Titulou-se em 1989 pela Universidade de Paris X — Nanterre, e, em Paris para estudar a obra de Jacques Lacan, defendeu no mesmo período uma dissertação no Departamento de Psicanálise da Universidade de Paris VIII — St. Denis, obtendo o título de mestre em psicologia. É autora de vários artigos e de dois livros — *Esse sujeito adolescente* e *Crepúsculo da alma* — e organizadora de diversos outros, como *Autismo e esquizofrenia na clínica da esquize*, *Clínica e pesquisa em psicanálise* (com Luciano da Fonseca Elia), *Retorno do exílio* (com Maria Anita Carneiro Ribeiro) e *Psicanálise e saúde mental: uma aposta* (com Ana Cristina Figueiredo). É professora adjunta do Instituto de Psicologia da Uerj desde 1991 e preceptora e coordenadora da Residência em Psicologia no Núcleo de Estudos da Saúde do Adolescente (Nesa) no hospital universitário. Foi a primeira coordenadora do programa de pós-graduação em psicanálise, hoje com doutorado, de cujo colegiado é membro desde então. Pesquisadora do CNPq, é filiada à Escola de Psicanálise do Campo Lacaniano e preside as Formações Clínicas do Campo Lacaniano (RJ).

Psicanálise **PASSO-A-PASSO**

- **O adolescente e o outro**
  Sonia Alberti
- **Mito e psicanálise**
  Ana Vicentini de Azevedo
- **Sonhos**
  Ana Costa
- **Édipo**
- **Psicanálise com crianças**
  Teresinha Costa
- **Freud: criador da psicanálise**
- **Lacan, o grande freudiano**
  Marco Antonio Coutinho Jorge e Nadiá Paulo Ferreira
- **A sublimação**
  Orlando Cruxên
- **Freud e a religião**
  Sérgio Nazar David
- **O conceito de sujeito**
  Luciano Elia
- **A teoria do amor**
  Nadiá Paulo Ferreira
- **Histeria: o caso Dora**
  Nadiá Paulo Ferreira e Marcus Alexandre Motta
- **A interpretação**
  Laéria Fontenele
- **Freud e a cultura**
  Betty Fuks
- **Política e psicanálise**
  Ricardo Goldenberg
- **A psicose**
  Andréa M.C. Guerra
- **Angústia**
  Sonia Leite
- **Linguagem e psicanálise**
  Leila Longo
- **Para que serve a psicanálise?**
- **A transferência**
  Denise Maurano
- **Depressão e melancolia**
  Urania Tourinho Peres
- **Feminino/masculino**
  Maria Cristina Poli
- **Os outros em Lacan**
  Antonio Quinet
- **A neurose obsessiva**
  Maria Anita Carneiro Ribeiro
- **Arte e psicanálise**
- **Cinema, imagem e psicanálise?**
  Tania Rivera
- **Trauma**
  Ana Maria Rudge
- **A paixão**
  Marcus André Vieira
- **Educação e psicanálise**
  Rinaldo Voltolini